受験生をごはんで応援！

合格賢脳レシピ
80

法研

はじめに

愛情たっぷりのごはんは、受験を乗りきる子どものエネルギーになる

「受験」という、おそらく人生初となる試練を子どもが迎えます。このとき、親にできることはとても限られています。わが子の可能性を信じて見守ること。そして、愛情たっぷりのおいしいごはんで応援し続けること、です。

脳の機能を高めるごはんや、かぜをひかせないごはん、受験のストレスを癒やしてくれるごはん、栄養たっぷりのおやつを食べさせながら、万全の体調でその日を迎えさせてあげたいものです。

本書では、そうした親の想いに応えられるごはんレシピを80品紹介しています。勉強ができるという知力だけでなく、ポジティブな感情や行動、適切な判断力を備えた〝賢脳〟を育てるレシピ集となっています。

いずれの料理もエネルギー量や塩分が控えめなヘルシーメニューですから、家族みんなで楽しんでいただけます。ちなみに、子どもの脳に役立つレシピは、親世代の脳を元気に保つ〝健脳〟レシピとしても有効です。また、巻末では、脳科学の知識をふんだんに取り入れた受験勉強のコツや、子どもをその気にさせる励まし方のコツを紹介しています。わが子の応援にぜひ活用してみてください。

受験の道は長く険しいもの。愛情たっぷりのおいしいごはんは、受験を乗りきる子どもの大きなエネルギーになりますし、その温かな記憶は家族のサポートとして脳の中の海馬《かいば》に刻まれ、今後を生きるうえで子どもの心の財産になることでしょう。

本書の一品がその手助けになることを祈っています。

諏訪東京理科大学教授
篠原 菊紀

もくじ
Contents

はじめに …… 2
本書の使い方 …… 7
子どもの1日に必要な〝エネルギー量〟と〝塩分量〟 …… 8
食材別さくいん …… 127

第1章 脳と心と体に役立つ！受験生のための応援ごはん

Part 1 合格に導くための学習脳力UPレシピ …… 10

1 あじの利休焼き …… 12
2 さけのチャンチャン焼き …… 13
3 さんまとカラフル野菜のカレー煮 …… 14
4 焼きさんまときのこの炊き込みごはん …… 15
5 ゴーヤとさばのかき揚げ …… 16
6 さばみその焼きコロッケ …… 17
7 しいたけのツナグラタン …… 18
8 いわしぎょうざ …… 19

9 ピザ風たけのこ焼き …… 20
10 菜の花しらすごはん …… 21
11 ブロ&サーディンのスパゲッティ …… 22
12 オイルサーディン缶のトマトカップ …… 23
13 ミルフィーユかつ …… 24
14 豚しゃぶ冷製サラダ …… 25
15 ホップ、ステップ、チャプチェ！ …… 26
16 トマト肉じゃが …… 27
17 必勝キーマカレー …… 28
18 シンガポール・チキンライス …… 29
19 ブロ&カリの厚焼きオムレツ …… 30
20 あさりの卵とじ丼 …… 31
21 豚肉と大豆の豆乳ホワイトシチュー …… 32
22 野菜ぎっしりおからハンバーグ …… 33
23 豆腐のピカタ&ゴーヤサラダ …… 34

Part 2 受験ストレスに勝つための心の元気UPレシピ …… 36

24 ししゃものチーズ焼き …… 38
25 かぶのミルクシチュー …… 39
26 塩ヨーグルト漬けタンドリーチキン …… 40
27 チーズとさけの春巻き …… 41

28 豆乳かき鍋……42
29 手作りがんもどき……43
30 小松菜チキンボール……44
31 茶碗蒸しのそぼろあんかけ……45
32 さばのそぼろずし……46
33 焼きさば入りラタトゥイユ……47
34 さけ中骨とほうれん草の納豆小鉢……48
35 オレンジとにんじんのサラダ……49
36 かつおのレアかつ……50
37 マーボーかつお……51
38 豚だんごの酢豚……52
39 炒めそうめん……53
40 冷しゃぶ梅モロヘイヤうどん……54
41 手羽先の黒酢煮……55

Part 3 入試本番まで健康を守るための 体調UPレシピ……56
42 たらの香草パン粉焼き……58
43 大根とたらと卵のグラタン……59
44 ミートソースとかぼちゃの重ね焼き……60
45 ほうとう風煮込みうどん……61
46 白い麻婆豆腐……62

47 しょうがたっぷり鶏せいろ……63
48 ポークソテーみかんジンジャーソース……64
49 きのこと豚肉の塩麹鍋……65
50 大根としらすの納豆ドレッシングサラダ……66
51 アボカドとえびのヨーグルトグラタン……67
52 さわらの塩麹じめ、中華風カルパッチョ……68
53 スチーム野菜のみそマヨディップ……69
54 雑穀炊き込みごはん……70
55 うなぎの生春巻き……71
56 蒸しなすとツナのサラダ……72
57 チンジャオいか……73
58 しじみチヂミ……74
59 あさりとアスパラのマリネ……75

Part 4 午前中の脳活動を支える 朝食レシピ……76
60 おにぎりプレート……78
（鶏とアスパラの卵炒め・おにぎり2種 チーズ風味のみそ汁・ビタミンフルーツ）
61 フルーツグラノーラ&さけ缶サラダセット……80
（玄米グラノーラボウル さけ缶とゆで野菜のサラダ）

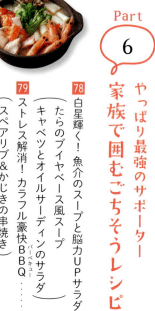

62 クロックムッシュ風サンドのカフェごはん……82
（クロックムッシュ風サンド
簡単ミネストローネ）
63 定番具材の元気でるでる丼セット……84
（五目納豆丼・半熟卵のみそ汁）
64 フルーツソースのパンケーキプレート……86

Part 5

モチベーションを上げる
夜食・塾弁・おやつレシピ……88
65 ゆず入り野菜ぞうすい……90
66 ごぼうとれんこんの根菜チップス……91
67 ほたてのエスニックにゅうめん……92
68 ほうれん草とにんじんのマフィン……93
69 野菜たっぷりスープパスタ……94
70 さつまいものブリュレ……95
71 鶏ときのこのミニピザ……96
72 みたらし大根もち……97
73 梅じそ肉巻きおにぎり……98
74 カリフラワーのチーズスフレ……99
75 絶品おにぎらず……100
76 トマト&オレンジ寒天……101

77 ロールパンサンド弁当……102
（揚げないジューシー鶏サンド
にんじんとセロリのマリネ
焼きいものヨーグルトサラダ）

Part 6

やっぱり最強のサポーター
家族で囲むごちそうレシピ……104
78 白星輝く！魚介のスープと脳力UPサラダ……106
（たらのブイヤベース風スープ
キャベツとオイルサーディンのサラダ）
79 ストレス解消！カラフル豪快BBQ《バーベキュー》……108
（スペアリブ&かじきの串焼き）
80 笑顔になれる紅白海鮮鍋……110
（海鮮ごまみそ鍋）

コラム 受験生を支えた親の体験談
●子どもへの接し方で効果的だったこと……35
●生活面で心がけたこと……87
●普段の食事や、試験直前の食事で
気を配ったこと……112

第2章

脳科学者が教える！ わが子の脳を勉強にハマらせる必勝法

「勉強しなさい」と言わずに「勉強がんばってるね」と
ほめると、子どもの脳は勉強にハマっていく!? ……… 114

- ハマるメカニズムの主役は〝線条体〟
- ほめられると〝線条体〟が予測的に活性化する
- 「賢さ」より「努力」をほめるのがポイント
- 子どもの脳にあったほめ方をマスター

【子どもの脳の傾向を知るテスト】

実践編　今日から実行！
成績がアップする8つの習慣 ……………… 119

- イヤイヤでもいい、とりあえず始めさせる
- 勉強用のルーティンを作る
- 学習効果を上げる「15分間勉強法」
- 効率的な新・復習法
- 勉強する場所は3カ所キープ
- ミラーニューロンで子どもをその気にさせる
- とにかく、ぐっすり深く眠らせる
- 脳活動を左右する!?　食事はやっぱり大事

本書の使い方

材料は２人分を目安に表記していますが、料理によっては作りやすい分量となっています。

材料表の量の単位は、小さじ１＝５㎖、大さじ１＝15㎖、１カップ＝200㎖です。ただし、米には1カップ＝180㎖＝1合の炊飯器用カップを用いています。

だし汁は昆布、削り節などでとったものを使用しています。市販の和風だしの素を使う場合は、好みで量を調節してください。

スープは市販のコンソメやブイヨンなどの固形または顆粒スープの素を利用しています。中華スープは市販の鶏がらスープの素、中華だしの素を利用しています。パッケージの表記に従って溶かしますが、濃さは好みで調節してください。

電子レンジの加熱時間は、とくに表記のない場合は600Wを目安としています。500Wの場合は加熱時間を1.2倍に、700Wの場合は0.8倍に、1000Wの場合は0.6倍にしてください。お使いの機種によって加熱力が異なる場合がありますから、様子を見ながら加熱してください。

- 作り方末尾の（　）内は、その料理を制作した料理研究家の名前です。
- 協力者一覧　デザイン：門倉泉 ／ イラスト：うかいえいこ ／ 編集協力：飯尾丘子、原小枝

子どもの１日に必要な“エネルギー量”と“塩分量”

本書では、レシピごとに１人分当たりのエネルギー量と塩分量を表記しています（文部科学省「日本食品標準成分表 2015 年版（七訂）」をもとに算出）。いずれも控えめに作られていますので、献立をたてる際は、お子さんの体格や活動量を考慮しながら作るとよいでしょう。

なお、年齢別、男女別の１日にとりたい“推定エネルギー必要量”は表のとおりです。身体活動レベルについては、授業で運動する程度なら「ふつう（Ⅱ）」、体育系クラブや校外活動などで１日の運動・スポーツ実施時間が多い場合は「高い（Ⅲ）」を目安にしてください。

１日の塩分摂取量の目標値は、「12 歳以上の男性 8.0g 未満、女性 7.0g 未満」となっています。

性別	男性 (kcal／日)			女性 (kcal／日)		
身体活動レベル	低い（Ⅰ）	ふつう（Ⅱ）	高い（Ⅲ）	低い（Ⅰ）	ふつう（Ⅱ）	高い（Ⅲ）
8 ～ 9（歳）	1,600	1,850	2,100	1,500	1,700	1,900
10～11（歳）	1,950	2,250	2,500	1,850	2,100	2,350
12～14（歳）	2,300	2,600	2,900	2,150	2,400	2,700
15～17（歳）	2,500	2,850	3,150	2,050	2,300	2,550
18～29（歳）	2,300	2,650	3,050	1,650	1,950	2,200
30～49（歳）	2,300	2,650	3,050	1,750	2,000	2,300

※身体活動レベルは、低い、ふつう、高いの3つのレベルとして、それぞれⅠ、Ⅱ、Ⅲで示した。

（エネルギー量、塩分量ともに「日本人の食事摂取基準 2015 年版」（厚生労働省）より抜粋）

１食どのくらい食べたらいいの？

たとえば、10 ～ 11歳の１日にとりたいエネルギー量は男子 2,250kcal、女子 2,100 kcalですから、男女とも１食あたり 700kcal前後を目安にするとよいでしょう。12 ～ 14歳なら１日あたり男子 2,600kcal、女子 2,400kcalですから、男女とも１食あたり 800kcal前後になります。

ちなみに、文部科学省制定の「学校給食実施基準」によると、学校給食の推定エネルギー必要量は 10 ～ 11歳で 750kcal、12 ～ 14歳で 820kcalとなっています。

受験生ですと、夜食や塾弁、おやつなども加わってきますから、エネルギー配分を考え、食べすぎないよう気を付けましょう。

※いずれも身体活動レベル「ふつう（Ⅱ）」で算出。

第1章

脳と心と体に役立つ！受験生のための応援ごはん

栄養学に基づいた、
おいしいレシピを目的別にラインナップしています。
愛情いっぱいの手づくりごはんで、
お子さんのやる気をサポートしましょう。

Part 1

合格に導くための 学習脳力UPレシピ

質のよい脂《あぶら》は、質のよい脳をつくる！ 集中力も記憶力も食事で高めよう

脳もいわば体の一部。元気に働かせ、パフォーマンスを上げるには栄養が必要です。炭水化物・脂質・たんぱく質の三大栄養素とビタミン・ミネラルをバランスよくとるのが基本ですが、脳の場合、とくに脂質が重要です。なぜなら、脳の約60％が脂質で構成されているからです。DHA（ドコサヘキサエン酸）・EPA（エイコサペンタエン酸）といった魚の脂のほか、肉類の脂肪酸（ARA：アラキドン酸）や植物性の脂肪酸（オレイン酸やリノール酸）をしっかりとることが大切です。これら不飽和脂肪酸には神経細胞間の情報をスムーズにする働きがあります。情報の伝達力が強くなるほど思考や記憶力が高まるので、学習効果が期待できます。

また、たんぱく質は神経細胞や神経伝達物質の材料に、ビタミンB群はやる気や集中力に必要な脳内物質（ドーパミンなど）を作る材料になります。脳を働かせる栄養源は糖質ですから、炭水化物も欠かせません。

それぞれ良質なものをバランスよくとって、脳をパワーアップさせましょう。

脳の活性化に役立つ栄養成分と食材

脂質

●神経細胞膜をやわらかくして情報伝達を活性化する

DHA［青魚（あじ、いわし、さば、さんま、まぐろなど。缶詰も有効）、ぶり、うなぎ、卵（卵黄）など］

ARA［さわら、ぶり、さば、豚肉、鶏肉、レバー（豚・牛・鶏）、卵（卵黄）、わかめなど］

●記憶に働く神経伝達物質・アセチルコリンの材料になる

レシチン［小魚、卵黄、大豆製品（豆腐・豆乳・おから）、枝豆、ごま油、アーモンドなど］

たんぱく質

●神経細胞や神経伝達物質の材料になる

［魚類、肉類、チーズ、卵、豆類、大豆製品（豆腐・納豆）など］

●意欲や集中力、やる気に働く神経伝達物質・ドーパミンの材料になる

チロシン［しらす、肉類、チーズ、大豆製品（豆腐・納豆）、たけのこ、たらこなど］

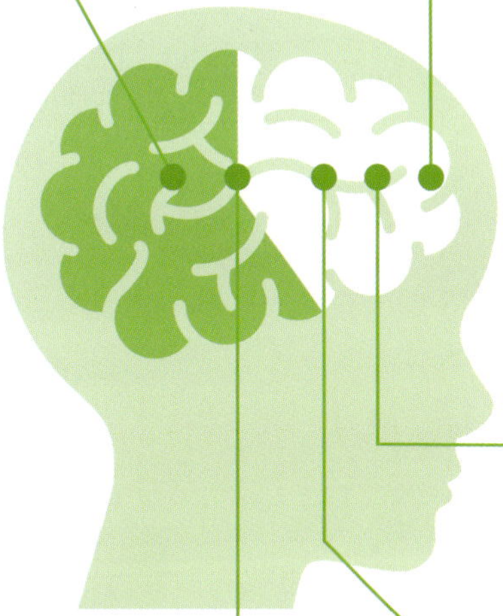

ビタミンB群

●神経伝達物質を作り、記憶力を高める

［まぐろ、かつお、うなぎ、かき、しじみ、あさり、たらこ、豚肉、海苔、納豆、きな粉、玄米、にんにく、緑黄色野菜（ブロッコリー、にんじん、青じそ、にら、トマト、さやえんどう、春菊）など］

炭水化物

●脳のエネルギー源になる

［米、パン、いも類、めん類、果物（バナナ）など］

ミネラル

●神経細胞の合成に必要

亜鉛［うなぎ、かき、あさり、牛肉、納豆など］

●情報伝達を円滑にする

カルシウム［ししゃも、桜えび、しらす、水菜、春菊、牛乳、チーズ、ヨーグルトなど］

●脳に酸素や伝達物質を運ぶ

鉄［しじみ、あさり、小松菜、サラダ菜、大豆、ドライフルーツなど］

希望校の扉よ、開けゴマ！

あじの利休焼き

1

ごまのビタミンEが魚の脂《あぶら》の酸化を防ぐので、
あじのDHAが効率よくいただけます。

材料（2人分）

あじ（三枚おろし）	2尾分（160g）
みょうが	2本
貝割れ菜	½ パック
サラダ菜	20g
小麦粉	大さじ2
白いりごま	大さじ1½
サラダ油	小さじ2
A しょうゆ	小さじ2
A みりん	小さじ1½
A しょうがのしぼり汁	小さじ1

作り方

1. あじはぜいご（尾近くのかたい部分）をそぎ切り、Aに5分ほど浸す。
2. みょうがは斜め薄切りにし、貝割れ菜は根を切る。
3. ①の汁けをきり、小麦粉を薄くまぶし、ごまを両面にふってつける。
4. フライパンにサラダ油を熱し、③の両面をこんがり焼く。
5. 器に④を盛り、サラダ菜、②を添える。

（中津川）

材料（2人分）

生ざけ		2切れ
キャベツ		3枚（150g）
ブロッコリー		6～8房（80g）
にんじん		3～4㎝（20g）
玉ねぎ		¼個（50g）
コーン缶（つぶ状）		10g
A	酒	大さじ2
A	みそ・砂糖	各小さじ2
A	コチュジャン	小さじ1
A	ごま油	小さじ1

作り方

❶ キャベツはざく切りにし、ブロッコリーは小房に分けて大きければ半分に切る。にんじんは皮をむいて短冊切りにし、玉ねぎは薄切りにする。コーンは水けをきる。

❷ フライパンに①を入れて中央にさけをのせ、混ぜ合わせた**A**をかけ、ふたをして中火にかける。煮立ったら弱火にし、10分ほど蒸し焼きにして火を通す。

❸ さけをざっとほぐしながら野菜と混ぜていただく。（牛尾）

2 赤色パワーで合格を呼ぶ
さけのチャンチャン焼き

赤色の正体は抗酸化力に優れたアスタキサンチン。
脳のサビも取って、頭の回転をよくします。

エネルギー 235kcal
塩分 1.3g
（1人分）

3

DHAの働きで正解ス〜ラスラ

さんまとカラフル野菜のカレー煮

魚が苦手な子どももカレーの香りでパ〜クパク！
蒸し煮にすることでDHAの吸収率が高まります。

エネルギー 350kcalℓ
塩分 0.5g
（1人分）

材料（2人分）

さんま	2尾（300g）
かぼちゃ	50g
ズッキーニ	½ 本
パプリカ（赤）	¼ 個
枝豆（さやつき）	50g
オリーブ油	大さじ ½
A 塩・おろしにんにく	各少々
A カレー粉	小さじ1
B 湯	150mℓ
B ローリエ	½ 枚

作り方

1. さんまは半分に切って内臓を取り除く。
2. かぼちゃ、ズッキーニ、パプリカは 1cm角に切る。枝豆はゆでて豆を取り出す。
3. ①の水けをふき、Aをまぶす。
4. フライパンにオリーブ油を中火で熱し、③の両面を焼きつける。焼き色がついたらBを加え、かぼちゃ、ズッキーニを散らし、ふたをして 10 分ほど蒸し煮にする。
5. パプリカ、枝豆を④に加え、さっと煮る。

（検見﨑）

4

秋の味覚で脳活応援

焼きさんまときのこの炊き込みごはん

焼いたさんまをのせて蒸らせばできあがり！ごはんに風味とDHA効果が移り一石二鳥です。

材料（作りやすい分量・4人分）

米		2合
さんま		1尾
しめじ		80g
みつばの葉先		少々
山椒のつくだ煮（あれば）		少々
すだち（くし形切り）		2切れ
A	しょうゆ	小さじ2
	酒	小さじ2
B	しょうが（せん切り）	1かけ分
	昆布	5×7㎝

作り方

1. さんまは半分に切って各1カ所切り目を入れ、塩少々（材料外）をふって焼く。
2. しめじは石づきを切ってほぐす。
3. 米は洗って炊飯器に入れ、Aを加えてから目盛りまで水を入れ、②、B を加えて炊く。
4. 炊き上がりの 10分ほど前になったら（蒸らすタイミングで）昆布を取り出し、①をのせて蒸らす。
5. さんまの頭や骨を外してさっくり混ぜ、茶わんによそってみつばと山椒のつくだ煮をのせ、すだちを添える。

（中津川）

エネルギー 354kcal
塩分 1.1g
（1人分）

材料（2人分）

ゴーヤ		½本（230g）
コーン缶（つぶ状）		30g
さば（三枚おろし）		約¼尾（80g）
小麦粉		大さじ1
レモン（くし形切り）		2個
揚げ油		適量
A	小麦粉・水	各100mℓ
	溶き卵	1個分
	カレー粉	小さじ½
	塩	小さじ⅓

作り方

1. ゴーヤは縦半分に切って種とわたをかき出し、1cm幅に切る。コーンは汁けをきる。
2. さばは骨があったら除き、1cm角に切る。
3. ボウルに①と②を入れて小麦粉をまぶし、混ぜ合わせたAを加えてからめる。
4. 揚げ油を170度に熱し、③を6等分してスプーンで落とし、カラッと揚げる。
5. 器に盛ってレモンを添える。

（牛尾）

5 GOGO! 合格一直線！

ゴーヤとさばのかき揚げ

ゴーヤのビタミンC含有量はトップクラス！
さばのDHAとの相乗効果で読解力もアップします。

エネルギー 295kcaℓ
塩分 1.2g
（1人分）

エネルギー 244kcal
塩分 0.5g
（1人分）

6

カロリー上げずに、偏差値上げる

さばみその焼きコロッケ

さばのみそ煮缶だけで調味料は不要。
しかも油で揚げないヘルシー仕立てです。

材料（2人分）

さば缶（みそ煮）……… 80g
じゃがいも………… 1個
パン粉………… 大さじ3
レタス……………… 2枚
にんじん…………… 20g
レモン（くし形切り）… 1切れ
オリーブ油……… 小さじ2
A［小麦粉・水 …… 各大さじ2

作り方

❶ じゃがいもは皮をむいて適当な大きさに切り、耐熱皿に入れてラップをふんわりかけ、電子レンジに3分ほどかける。

❷ ①をフォークでつぶし、汁けをきったさばを加えてつぶしながら混ぜる。

❸ ②を4等分して丸め、混ぜ合わせた**A**、軽く指でつぶしたパン粉の順につける。アルミホイルにのせてオリーブ油をかけ、オーブントースターでこんがり焼く。

❹ レタス、にんじんはせん切りにし、③とともに器に盛り、半分に切ったレモンを添える。 （中津川）

7

利発な(ツナ)子になりますよーに！

しいたけのツナグラタン

しいたけを器代わりにしたミニグラタン。
脳の働きを助けるＤＨＡやカルシウム食材を盛り付けました。

エネルギー 93kcal
塩分 0.6g
（1人分）

材料（2人分）

- 生しいたけ…………6枚（120g）
- ツナ缶（水煮）…………30g
- ホワイトソース（市販）……大さじ3
- ピザ用チーズ…………20g
- パン粉…………大さじ1

作り方

1. しいたけは軸を切る。
2. ツナは缶の汁をきり、ホワイトソースと混ぜ合わせせる。
3. しいたけの裏側に②を詰め、チーズ、パン粉の順にのせる。
4. オーブントースターで焼き色がつくまで7～10分焼く。

（牛尾）

材料（2人分）

	いわし（刺身）	100g
	豚ひき肉（赤身）	50g
	にら	½束
	青じそ	5枚
	ぎょうざの皮	10枚
	サラダ油	小さじ1
A	オイスターソース	小さじ½
A	塩	少々
A	酒・片栗粉	各小さじ1
B	酢	大さじ1
B	しょうゆ	大さじ½

作り方

1. いわしは包丁で粗くたたく。
2. にらは細かく刻み、青じそは粗みじんに切る。
3. ボウルにひき肉、Aを入れて練り、粘りが出たら①、②を加えて混ぜ、ぎょうざの皮で包む。
4. フライパンにサラダ油を熱し、③を並べて焼き、水50mℓ（材料外）を加えてふたをし、3分ほど蒸し焼きにする。ふたを取って水けを飛ばし、焼き色がついたら器に盛り、Bを混ぜた酢じょうゆを添える。

（満留）

8

ギョッとするほど正解率アップ!?

いわしぎょうざ

肉汁にDHAがとけ出たいわし汁が美味。青じそとにらで魚の生臭みもカバーします。

エネルギー 244kcal
塩分 1.3g
（1人分）

材料（2人分）

ゆでたけのこ ……………150g
しらす干し ………………15g
ピザ用チーズ ……………20g
粗びき黒こしょう ………少々
オリーブ油 ………… 小さじ1

作り方

❶ たけのこは縦半分に切り、5〜6㎜厚さに切る。
❷ ①をさっとゆで、湯をきってボウルに入れ、熱いうちにしらす干しの半量を加えてざっくりと混ぜ、味をなじませる。
❸ 耐熱皿に②を並べ、ピザ用チーズ、残りのしらす干しをのせる。こしょうをふり、オリーブ油をかけ、オーブントースターで焼き色がつくまで7〜8分焼く。　（検見﨑）

成績がぐんぐん伸びる!?

9

ピザ風たけのこ焼き

味付けはしらすとチーズの塩けのみ。
でも各食材には思考力と集中力を高めるチロシンがたっぷり。

エネルギー 83kcal
塩分 0.5g
（1人分）

10

桜咲く、本番前のうで試し!?

菜の花しらすごはん

卵としらすでたんぱく質とカルシウムをプラスした、脳がよろこぶ春色混ぜごはん。

エネルギー 298kcal
塩分 0.9g
（1人分）

材料（2人分）

ごはん	240g
菜の花	50g
卵	1個
しらす干し	20g
白いりごま	少々
ごま油	小さじ1½
塩	少々
A 塩	少々
A 砂糖	小さじ1

作り方

1. 菜の花は細かく刻む。
2. 耐熱容器で卵を溶きほぐし、Aを加えて混ぜる。ラップをせずに電子レンジに1分かけ、取り出してフォークでくずし、いり卵を作る。
3. フライパンにごま油を熱して①をさっと炒め、塩をふる。
4. 温かいごはんに②、③、しらす干し、白いりごまを混ぜる。

（中津川）

材料（2人分）

スパゲッティ ………… 120g
オイルサーディン缶 …… 約40g
ブロッコリー ………… 大1株
カリカリパン粉
　スライスアーモンド …… 15g
　オリーブ油 …… 大さじ ½
　パン粉 …… 大さじ3強
塩 ………… 大さじ1強
にんにく（みじん切り） ………… ½ かけ分
オリーブ油 ………… 大さじ ½

作り方

1. アーモンドは粗くつぶし、オリーブ油を熱したフライパンで30秒ほど炒め、パン粉を加えて色づくまで炒めて、カリカリパン粉を作る。
2. ブロッコリーは小さめの房に分け、塩を加えた熱湯約2ℓ（材料外）で3分ほどゆでる。ブロッコリーをざるに上げ、ゆで汁はとっておく。
3. フライパンにオリーブ油とにんにくを入れて弱火にかけ、香りがたったら、オイルサーディン、②、②のゆで汁大さじ2くらいを加え、ブロッコリーとオイルサーディンをくずしながら軽く炒める。
4. ②のゆで汁でスパゲッティをゆで、湯をきって③に加えてあえる。
5. 器に盛り、カリカリパン粉をかける。　（満留）

エネルギー 453kcal
塩分 1.6g
（1人分）

11

入試をらくらくパス！タ
ブロ&サーディンのスパゲッティ

〝抗酸化ビタミン〟C（ブロッコリー）とE（アーモンド）で青魚の栄養を守る、最強の食べ合わせメニュー。

エネルギー 143kcal
塩分 0.6g
（1人分）

12

がんばって！の思いも詰め込んで

オイルサーディン缶のトマトカップ

青魚の缶詰を使えば、DHA メニューがもっと手軽に！
骨まで丸ごと食べられカルシウムもしっかりとれます。

材料（2人分）

- オイルサーディン缶 ……約50g
- トマト ……2個（300g）
- コーン ……20g
- パセリ（みじん切り）……大さじ1
- 粗びき黒こしょう ……少々
- ピザ用チーズ ……20g

作り方

1. トマトはへたの反対側を2㎝ほど切り落とし、スプーンで中をくり抜いてカップ状にする。
2. ①で切り落としたトマトは1㎝角に切る。
3. オイルサーディンは油をきり、ざっとほぐしてボウルに入れ、②、コーン、パセリ、黒こしょうを加え、チーズの半量を混ぜる。
4. ①のトマトカップに③を詰めて残りのチーズをのせ、チーズが溶けるまでオーブントースターで7〜8分焼く。（検見﨑）

13

努力を重ねて難関突破！

ミルフィーユかつ

フランスのパイ菓子〝ミルフィーユ〟のように、薄切り肉に野菜をはさんで重ねたヘルシーな一品。

エネルギー 363kcal
塩分 0.3g
（1人分）

材料（2人分）

豚ロース肉（薄切り）	12枚（160g）
塩・こしょう	各少々
エリンギ	1本
青じそ	4枚
キャベツ	150g
ミニトマト	4個
レモン（くし形切り）	2切れ
小麦粉・溶き卵・パン粉（乾燥）	各適量
揚げ油	適量

作り方

❶ 豚肉は広げて塩、こしょうをふる。

❷ エリンギは豚肉の大きさに合わせて5㎜厚さ4枚に切り、青じそ3枚は縦半分に切る。キャベツはせん切りにし、残りの青じそ1枚をせん切りにして混ぜる。

❸ パン粉をざるに入れてスプーンでかき混ぜ、下に落ちた細かいパン粉だけを使う。

❹ 豚肉を6枚ずつに分け、青じそとエリンギを豚肉に交互にはさんで重ね、はがれないように縁を押してくっつける。小麦粉、溶き卵、③のパン粉の順に衣をつけ、余分なパン粉ははたく。

❺ 揚げ油を170度に熱して④を入れ、両面が色づくまで3〜4分ほど揚げる。

❻ かつを食べやすく切って器に盛り、キャベツ、ミニトマト、レモンを盛り合わせる。

（髙城）

材料（2人分）

トマト ……………… ½個（75g）
豚薄切り肉（しゃぶしゃぶ用）……120g
レタス ……………約¼個（80g）

A
- ポン酢しょうゆ………大さじ2
- おろしにんにく………小さじ⅓
- ごま油………………小さじ2

B
- きゅうり………………20g
- にんじん………………15g
- 長ねぎ…………………15g
- 青じそ…………………2枚

作り方

1. トマトはすりおろし、Aを加えて混ぜ、おろしトマトドレッシングを作る。
2. 豚肉は熱湯でさっとゆでて冷水にとり、水けをきる。
3. レタスは50度のお湯で洗ってシャキッとさせ、湯をきって食べやすくちぎる。
4. Bの野菜はせん切りにし、長ねぎと青じそは水にさらして水けをきる。
5. 器に③、②、④の順に盛り、①のトマトドレッシングをかける。（牛尾）

トントン拍子に問題が解けてくる…

14

豚しゃぶ冷製サラダ

豚肉がたっぷりいただける、ビタミンB_1充実のおかずサラダ。
トマトをおろして作るドレッシングがポイントです。

エネルギー 248kcal
塩分 1.1g
（1人分）

Point

葉野菜は50度洗いでシャキッ！

葉野菜は50度のお湯に2〜3分つけると、シャキッとして日持ちがよくなります。給湯器の設定を50度にするか、熱湯と水を同量ずつ混ぜるとおおよそ50度のお湯になります。

材料（2人分）

鍋用でんぷんめん……20g
白菜……1枚
牛赤身薄切り肉……50g
にんじん……¼本
きゅうり……½本
にんにく・しょうが（みじん切り）……各½かけ分
白すりごま……大さじ1
ごま油……大さじ½
A しょうゆ・酒……各大さじ1
A 砂糖……大さじ½
A こしょう……少々

作り方

1. でんぷんめんは水に10分ほど浸す。
2. 白菜と牛肉はひと口大に切り、にんじんはせん切り、きゅうりは細切りにする。
3. フライパンにごま油、にんにくとしょうがを入れて中火で熱し、香りがたったら、牛肉、にんじん、白菜の順に加えて炒める。
4. 白菜がしんなりしたら、水けをきった①、Aを加え、めんが透き通るまで炒める。最後にきゅうりを加えてさっと炒め、ごまをふって混ぜ合わせる。

（舘野）

15

やる気を引き出すおまじない

ホップ、ステップ、チャプチェ！

チャプチェはおめでたいときなどに出される韓国の定番料理で、はるさめの炒め物。牛肉入りで元気も引き出せそう。

エネルギー 157kcal
塩分 1.4g
（1人分）

16

チャレンジ精神を鍛えよう

トマト肉じゃが

トマトでうま味を補った、いつもと違うさっぱり肉じゃが。
見た目も鮮やかで食欲を誘います。

エネルギー 193kcal
塩分 1.5g
（1人分）

材料（2人分）

- 牛もも薄切り肉……80g
- 酒……大さじ1
- じゃがいも……1個
- 玉ねぎ……½個
- トマト……½個
- にんじん……30g
- しらたき……150g
- さやえんどう……5枚
- だし汁……200mℓ
- しょうゆ……大さじ1⅓
- A［みりん……大さじ½
- A［砂糖……小さじ1

作り方

1. 牛肉は5～6cm長さに切り、酒をまぶす。
2. じゃがいもは皮をむいてひと口大に切り、水にさっとくぐらせて、水けをきる。玉ねぎはくし形に切る。トマトは2cm角くらいに切り、にんじんは半月切りにする。
3. しらたきは7～8cm長さに切り、水から1～2分ゆでて湯をきる。さやえんどうは筋を取り、塩（材料外）を加えた熱湯でゆで、斜め半分に切る。
4. 鍋に②を入れ、だし汁を加えて中火にかける。煮立ったら、しらたき、Aを加え、ふたをして弱めの中火で5～6分煮る。
5. しょうゆを加え、牛肉をほぐしながら加え、煮立ったらアクを取る。落としぶたをして5～6分、じゃがいもがやわらかくなるまで煮る。
6. 器に盛り、さやえんどうを散らす。

（満留）

17

フレーフレー、受かれ〜

必勝キーマカレー

1人分当たり約70gもの野菜がとけ込んだ、超ヘルシーな本格味のカレーライスです。

エネルギー 452kcal
塩分 1.9g
（1人分）

材料（2人分）

鶏ひき肉	100g
玉ねぎ	½個
しょうが・にんにく	各小1かけ
にんじん	小½本
ピーマン・パプリカ（赤）	各½個
バター	小さじ2
カレー粉	大さじ1½
塩	小さじ¼
こしょう	少々
ごはん	300g
パセリ（みじん切り）	適量
A 水	200mℓ
A 固形スープの素	1個
A トマト水煮缶（カットタイプ）	100g
A トマトケチャップ	大さじ1
A ローリエ	小1枚

作り方

1. 玉ねぎ、しょうが、にんにくはみじん切りにする。にんじんは皮をむいてすりおろす。ピーマンとパプリカは種とへたを取り、5㎜角に切る。
2. 鍋を中火にかけてバターを溶かし、玉ねぎを炒める。透き通ったら、やや火を弱め、薄茶色に色づいてねっとりするまでさらに炒める。
3. ②にしょうがとにんにくを加え、中火で10分ほど炒めたら、ひき肉を加えて炒める。肉の色が変わったら、カレー粉を加え、さらに肉がパラパラになるまで炒める。
4. ③にAを加えて強火にする。煮立ったら弱火にし、ときどきかき混ぜながら20〜30分煮る。
5. にんじん、ピーマン、パプリカを④に加えて5分ほど煮たら、塩、こしょうで味をととのえる。器に盛り、パセリをふった温かいごはんを添える。

（髙城）

18

キチンと勝ち取るチキンパワー

シンガポール・チキンライス

鶏肉を炊飯器のお米にのせて炊くだけの簡単さ。
うま味と栄養がたっぷりしみ込んだワンプレートです。

材料（作りやすい分量・4人分）

米……2合
鶏もも肉……2枚（500g）
塩……小さじ½
さやいんげん……10本
グリーンカール……4～5枚
トマト……小2個
香菜（パクチー）……適量
A
- みそ・レモン汁……各大さじ2
- 砂糖……大さじ1
- おろししょうが……1かけ分
- おろしにんにく・刻みとうがらし……各少々

作り方

1. 米はといでざるにあげ、水けをきる。炊飯器に入れて目盛りまで水を注ぎ、30分～1時間浸水させる。
2. 鶏肉に塩をもみ込み、①の米にのせて炊く。
3. さやいんげんはさっとゆで、長さを半分に切る。グリーンカールはざく切り、トマトはくし形に切り、香菜は葉先を摘む。
4. 炊きあがった②から鶏肉を取り出してそぎ切りにし、ごはんはかき混ぜる。
5. 器にごはんを盛って鶏肉をのせ、③、混ぜ合わせたAのソースを添える。

（検見﨑）

エネルギー 548kcal
塩分 2.1g
（1人分）

19

かむほどに高まる理解力

ブロ&カリの厚焼きオムレツ

野菜の具がゴロゴロ入った、かみ応えのある卵料理。
しっかりかんで脳に刺激を与えましょう。

エネルギー 238kcal
塩分 1.5g
（1人分）

材料（2人分）

ブロッコリー	¼株（50g）
カリフラワー	⅙株（50g）
ベーコン（厚切り）	30g
玉ねぎ	¼個
卵	3個
トマトケチャップ	大さじ2
オリーブ油	大さじ½
A 塩	小さじ¼
A こしょう	少々

作り方

❶ ブロッコリーとカリフラワーは小房に分け、熱湯でさっとゆでる。

❷ ベーコンは1.5㎝角に切り、玉ねぎはみじん切りにする。

❸ ボウルに卵を入れて溶きほぐし、**A**で調味する。

❹ フライパンにオリーブ油大さじ⅓を中火で熱し、②を炒める。軽く焼き色がついたら、③のボウルに入れ、①も加えてざっと混ぜる。

❺ フライパンに残りのオリーブ油を足し、④を入れてざっとかき混ぜ、ふたをして弱火で10分ほど蒸し焼きにする。

❻ フライパンをひっくり返してふたに出し、すべらせて器に盛り、ケチャップをかける。（舘野）

材料（2人分）

あさり（砂抜きずみ）……………200g
長ねぎ……………………………½本
春菊………………………………½束
卵…………………………………2個
だし汁……………………………50mℓ
酒…………………………………大さじ2
ごはん……………………………300g
A［薄口しょうゆ・みりん
　………………………各小さじ2

作り方

1. あさりは殻をこすり合わせて洗う。
2. 長ねぎは小口切りにし、春菊はさっとゆでて3cm長さに切る。卵は溶きほぐす。
3. 鍋にあさり、だし汁、酒を入れて煮立て、殻が開いたら長ねぎを加え、Aで調味する。さっと煮たら春菊を散らし、溶き卵を回し入れ、半熟状になったら火から下ろす。
4. 温かいごはんを器に盛り、③をのせる。

（牧野）

どーんと、アッサリ満点!?

あさりの卵とじ丼

20

あさりに含まれている鉄や亜鉛はミネラルの一種、
記憶力や思考力を高める頼もしい栄養成分です。

エネルギー 376kcaℓ
塩分 2.2g

（1人分）

21

まめな予習復習で苦手克服！

豚肉と大豆の豆乳ホワイトシチュー

大豆に多いレシチンは脳内の神経伝達物質の材料となる成分。シチューにすれば、あますところなくとれます。

エネルギー 420kcal

塩分 2.0g

（1人分）

材料（2人分）

豚カレー用角切り肉	100g
塩・こしょう（豚肉下味用）	各少々
ウインナーソーセージ	3本
玉ねぎ	½個
じゃがいも	1個
カリフラワー	¼個
にんにく（みじん切り）	1かけ分
オリーブ油	大さじ½
バター	大さじ1
小麦粉	大さじ1½
水	300mℓ
蒸し大豆（ドライパック）	小1袋（60g）
豆乳（成分無調整）	100mℓ
塩・こしょう	各少々
A 固形スープの素	½個
A ローリエ	1枚

作り方

1. 豚肉は塩、こしょうをもみこむ。ソーセージは斜め半分に切る。玉ねぎは2cm角に切る。じゃがいもは皮をむいて6～8等分に切り、10分ほど水にさらす。カリフラワーは小房に分ける。
2. 鍋にオリーブ油を入れて中火で熱し、豚肉を加えて色が変わるまで2～3分炒める。バターを足して、①の残りとにんにくを加え、全体に油が回る程度にさっと炒める。
3. 小麦粉をふり入れ、焦げないように注意しながら炒め合わせる。粉っぽさがなくなったら、水を少量ずつ加えて溶きのばす。Aを加え、沸騰したらアクをとり、ふたをして弱火にし、ときどき混ぜながら7～8分煮る。
4. 野菜がやわらかくなったら、蒸し大豆、豆乳を加えて混ぜ合わせ、沸騰直前まで温め、塩、こしょうで調味する。（村田）

材料（2人分）

玉ねぎ……………………½個
にんじん……………………¼本
生しいたけ……………………2枚

A
- 牛ひき肉（赤身）………200g
- 卵……………………1個
- おから……………………50g
- 塩・こしょう・ナツメグ……各少々

B
- マッシュルーム缶（スライス）…………小1缶（50g）
- トマトピューレ…………150g
- 中濃ソース………大さじ2
- 赤ワイン………大さじ1～2
- 水……………………50mℓ

C
- にんじん……………………⅓本
- ブロッコリー……………………¼株
- カリフラワー……………………⅙株

作り方

❶ 玉ねぎ、にんじんはみじん切り、しいたけは石づきを取って細かいみじん切りにする。
❷ ①を耐熱容器に入れラップをし、電子レンジで約2分加熱し、ラップをはずし粗熱をとる。
❸ ボウルに②とAを合わせ手早くこねる。2等分にして空気を抜きながら小判形にまとめる。
❹ フッ素樹脂加工のフライパンに③を並べて中火にかけ、両面に焼き色がついたら弱火にしてフタをし、約5分蒸し焼きにして中心までしっかり火を通す。
❺ ④を取り出し、Bを入れて煮立ったら④を戻し入れ、ソースにとろみがつき味がなじむまで弱火で煮込む。
❻ Cはひと口大に切り耐熱容器にのせ、水にぬらしたペーパータオル、ラップをかぶせて約2～3分レンジ加熱する。
❼ ⑤を器に盛り、⑥を添える。（藤原）

暗記を助けるおからのチカラ
野菜ぎっしりおからハンバーグ

22

つなぎにおからを使用したのがポイント。
含まれたレシチンが記憶の引き出しをスムーズにします。

エネルギー 389kcal
塩分 2.6g
（1人分）

23

ピカッと答えがひらめく
豆腐のピカタ&ゴーヤサラダ

卵衣で焼いた豆腐のピカタは、
脳細胞を作る良質なたんぱく源になります。

エネルギー 332kcal
塩分 1.5g
（1人分）

作り方

❶ 豆腐は食べやすい大きさに切り、水からゆでてペーパータオルを敷いたざるにあげ、5〜6分置いて水切りする。

❷ ①に小麦粉をまぶし、余分な粉は落として、溶き卵につける。

❸ フライパンにオリーブ油小さじ2を熱し、②を重ならないように入れて焼く。

❹ ゴーヤは種とわたをきれいに取って薄切りにし、熱湯でさっとゆでて冷水で色止めし、軽く水けをしぼる。玉ねぎは繊維に沿って薄切りにし、ボウルに入れ、塩少々（分量外）をまぶして軽くもむ。オリーブは輪切りにする。ミニトマトはへたを取り、半分に切る。ツナは水けを軽くしぼる。

❺ ④と残りのオリーブ油を合わせてさっと混ぜ、塩、こしょうで調味する。

❻ 器に⑤を盛り、③をのせる。（藤原）

Point 豆腐の水切りは“ゆでる”がおすすめ

豆腐の上に重しなどをして30分ほど置く方法が一般的ですが、ゆでて水分を抜く方法なら、短時間で水切りができ、煮崩れも防げます。

コラム column

受験生を支えた
親の体験談

子どもへの接し方で効果的だったこと

● 普段通りに接しつつ、子どもが不安を口にしたときにはよく話を聞くようにしました。

(47歳母/長男の高校受験時)

● 追い込まないようにしたのがよかったのか、子どもはとくにイライラしていなかったように思いますが、たまに高級スイーツなどを買って一緒に食べました。子どもは「スゲー」とか言いながら、喜んでいましたね。

(43歳母/長男の高校受験時)

● ファストフード店が好きな娘。あまり気乗りはしませんでしたが、あえてコミュニケーションをとるために、2人でよく行きました。不機嫌そうなときでも、なぜかそこでは気軽にいろいろな話をしてくれました。

(49歳母/次女の高校受験時)

● あまり叱らないようにし、できるだけ子どもの愚痴を聞くように努めました。

(51歳父/長男の高校受験時)

● 親が落ち着いて接すること、かな。それとわが家では毎朝、子どもと一緒に神棚と仏壇に手を合わせていました。"神頼み" はもちろんですが、集中するための儀式としての効果もあったように思います。

(44歳母/長女の中学受験時)

材料（2人分）

木綿豆腐…1丁(400g)
小麦粉……適量
卵……½個
オリーブ油……大さじ1
ゴーヤ……½本
玉ねぎ……¼個
オリーブ(黒)……6個
ミニトマト……4〜6個
ツナ缶(ノンオイル)……小1缶(70g)
塩・粗びき黒こしょう……各少々

Part 2

受験ストレスに勝つための 心の元気UPレシピ

イライラしたり、ストレスを感じると脳が栄養不足になる

中学受験、高校受験等に臨むこの時期は、ちょうど思春期とも重なります。模試や勉強の成果に一喜一憂し、ただでさえ精神的に不安定なうえに、思春期特有のイライラ感も加わり、子どもの心はストレスにさらされ続けています。

そのストレス、感じているのは実は〝脳〟なのです。ストレスを感じると、たんぱく質やビタミンC、カルシウムなど多くの栄養が消費され、脳が栄養不足に陥ります。そのため、感情をコントロールする脳内の神経伝達物質が合成されにくくなるなど、さらにストレスを感じやすくなってしまいます。ストレスが長く続くと、記憶にかかわる脳の「海馬《かいば》」がダメージを受けることもわかっています。

この悪循環を断ち切るひとつの方法は、必要な栄養を脳に与えてあげることです。精神安定効果や緊張をほぐす働き、不安感を抑えるホルモンの分泌を促す働き、安眠作用など、さまざまな働きのある栄養素を補給することで、ストレスに対応できる、より強い脳をつくることができます。それが心の元気、やる気を引き出してくれます。

トリプトファンやGABA《ギャバ》でストレスに強くなる

子どもの不機嫌度が上がってきたときに意識してとりたい、おすすめの栄養素を紹介しましょう。広く知られているのが、イライラ感を鎮めてくれるカルシウムやビタミンB_1。ビタミンB_1が不足すると神経のエネルギーが不足し、精神不安を招くことになりかねません。

近年注目されているのは、トリプトファンという必須アミノ酸で、興奮を鎮めて、精神バランスを整える作用のセロトニン（神経伝達物質）の原料となる成分です。セロトニンの分泌がふえれば、癒やされて穏やかになり、安眠効果も得られます。青魚の脂《あぶら》EPAにも、セロトニンをふやして気分を上げる効果があります。

また、含有チョコレートで話題になったGABAには、気持ちを落ち着かせ、リラックスさせる〝抗ストレス作用〞があります。脳活動にかかわるレシチンにも同様の働きがあります。毎日の食事にとり入れ、子どもの笑顔をふやしましょう。

心のリラックスに役立つ栄養成分と食材

精神安定をもたらすセロトニンをふやし、心を穏やかにする

トリプトファン

かつお、まぐろ、牛肉、豚肉、鶏肉、卵、チーズ、豆腐、納豆、豆乳、ほうれん草、にら、枝豆、うどん、そば、ごま、ピーナッツなど

EPA

青魚（あじ、いわし、さば、さんま、まぐろなど）、ぶり、さけ、ししゃもなど
※缶詰も有効

イライラや不安感を鎮めて、気持ちを安定させる

カルシウム

小魚や骨ごととれる魚の缶詰、乳製品、豆腐、小松菜、水菜、かぶの葉、ひじきなど

ビタミンB_1

うなぎ、豚肉（ハム・ベーコン含む）、卵黄、大豆、えんどう、ごまなど

GABA

トマト、なす、じゃがいも、キャベツ、みかん、ぶどう、発芽玄米など

レシチン

小魚、卵黄、豆腐、納豆、豆乳、枝豆、ピーナッツ、ごま油など

ビタミンC

パプリカ、ピーマン、モロヘイヤ、かぶの葉、小松菜、オレンジなど

まるかじりで受験前のイライラ解消！

ししゃものチーズ焼き

青菜やきのこなどのビタミンK・Dとの組み合わせで
カルシウム吸収率が高まります。

24

材料（2人分）

ししゃも	6尾（150g）
春菊	1束（200g）
カリフラワー	¼株（150g）
干ししいたけ	2枚
ピザ用チーズ	25g
オリーブ油	大さじ½

作り方

1. 春菊は熱湯でゆで、水けをしぼって2cm長さに切る。カリフラワーは小房に分け、さらに小さく分ける。干ししいたけはぬるま湯で戻し、石づきを取って軸とともに5mm角に切る。
2. フライパンにオリーブ油を入れて中火で熱し、①を炒める。全体に油が回ったら湯50mℓ（材料外）を加え、水分がなくなるまで炒め煮にする。
3. 耐熱皿に②を広げてししゃもを並べ、チーズを散らす。
4. 230度のオーブンで7～8分、チーズに焼き色がつくまで焼く。（検見﨑）

エネルギー 233kcal
塩分 1.2g
（1人分）

25

まるごとの栄養が心を癒やす
かぶのミルクシチュー

カルシウムとビタミンK豊富なかぶの葉を
捨てずに有効活用しましょう。

材料（2人分）

鶏むね肉（皮なし）…… 1枚（200g）
かぶ …………………… 2個
かぶの葉 ……………… 200g
玉ねぎ ………………… ¼個（50g）
にんじん ……………… 30g
まいたけ ……………… 50g
小麦粉（ふるっておく）…… 大さじ4
牛乳 …………………… 200mℓ
オリーブ油 …………… 大さじ½
塩・こしょう ………… 各少々
A
- 固形スープの素 ……… ¼個
- ローリエ ……………… ½枚
- タイム（あれば）……… 少々

作り方

1. 鶏肉はひと口大のそぎ切りにする。
2. 玉ねぎは1.5cm角に切り、にんじんは皮をむいて5mm角に切る。まいたけは小さくほぐす。かぶは縦に半分に切ってから4つ割りにする。
3. かぶの葉は熱湯でゆで、水けをしぼって3〜4cm長さに切る。
4. フライパンにオリーブ油を入れて中火で熱し、②を炒める。かぶの表面が透き通ったら①を加えて炒め、肉の色が変わったら小麦粉をふって炒める。
5. 粉っぽさがなくなったら、水200mℓ（材料外）とAを加えてよく混ぜ、粉を溶かす。煮立ったら弱火にし、ふたをして7〜8分煮る。
6. かぶに火が通ったら、かぶの葉、牛乳を加え、塩、こしょうで味をととのえる。　（検見﨑）

エネルギー 343kcal
塩分 1.0g
（1人分）

26

脳とハートをおいしく刺激!?

塩ヨーグルト漬けタンドリーチキン

ヨーグルトと、カレー粉に含まれるスパイスがストレス解消に役立ちます。

エネルギー 237kcal
塩分 1.2g
（1人分）

材料（2人分）

塩ヨーグルト* ・・・・・・・・・・・・ 大さじ5
鶏むね肉（皮なし）・・・・・・ 1枚（200g）
玉ねぎ・・・・・・・・・・・・・・・・・ 1個（200g）
グリーンアスパラガス
・・・・・・・・太め3本（90g）
ベビーリーフ ・・・・・・・・・・・・・・・・・・ 20g

A
- にんにく（すりおろし）・・・・・・・・ 少々
- カレー粉・・・・・・・・・・・・・・小さじ⅔
- トマトケチャップ ・・・・・ 小さじ2

＊塩ヨーグルトの作り方
プレーンヨーグルト100g＋塩小さじ⅓（1.7g）の割合で混ぜ合わせて作ります。

作り方

1. 鶏肉はひと口大に切り、ポリ袋に入れて塩ヨーグルト大さじ3をまぶし、冷蔵庫に一晩おく。
2. ①にAを加えて混ぜ合わせる。
3. 玉ねぎはくし形に切り、アスパラガスは筋やはかまを取り除き、長さを半分に切る。
4. オーブントースターに②、③を入れてこんがり焼く。焦げそうになったらアルミホイルをかぶせ、10分ほどかけて火を通す。
5. 器に④とベビーリーフを盛り、残りの塩ヨーグルト大さじ2を野菜用のディップとして添える。

（牛尾）

27 受験の荒波をポジティブ思考で切り抜ける

チーズとさけの春巻き

さけのEPAとにらのトリプトファンが、気持ちの安定に力を発揮。子どもがハマる味、まちがいなし！

材料（2人分）

春巻きの皮	6枚
生ざけ	2切れ（160g）
にら	50g
ピザ用チーズ	20g
こしょう	少々
小麦粉・水	各少々
ミニトマト	6個
揚げ油	適量
A 白ワイン	大さじ1
A こしょう	少々

作り方

1. さけは鍋に入れてAをふり、ふたをして弱火で蒸し煮にして火を通す。粗熱がとれたら、ボウルに移して皮と骨を除き、身をほぐす。
2. にらは小口切りにし、チーズ、こしょうとともに①に加えて混ぜる。
3. 小麦粉を水で溶いてのりを作る。
4. 春巻きの皮を広げ、左右の縁と向こう側の縁に③をぬり、6等分した②を手前にのせて巻き、両端と巻き終わりをしっかりはり合わせる。
5. 170～180度の揚げ油で④をカラッと揚げ、器に盛ってミニトマトを添える。

（検見﨑）

エネルギー 354kcal
塩分 0.7g
（1人分）

材料（2人分）

かき（むき身、加熱用）……120g
木綿豆腐 ……⅓丁
長ねぎ……½本
白菜 ……1〜2枚
春菊……½束
鶏骨つきブツ切り肉……180g
水……600mℓ弱
みりん ……大さじ½
みそ ……大さじ1½
豆乳（調製豆乳）……130mℓ

作り方

❶ かきはざるに入れて海水程度の塩水（分量外：水400mℓに塩大さじ１弱を溶かす）に浸し、指先でざっくり混ぜてぬめりや汚れを取る。
❷ 豆腐は８つの角切りにし、長ねぎは斜め切りにする。白菜は葉と軸に分け、軸はそぎ切り、葉はざく切りにする。春菊は太い茎から葉を摘む。
❸ 鶏肉は鍋に入れ、水を加えて火にかける。煮立ったら中火にして10分ほど煮る。白菜の軸を加えてさらに５分ほど煮る。
❹ ③にみりんを加えてみそを溶き入れ、長ねぎ、白菜の葉、豆腐を加える。
❺ ④が再び煮立ったら、①のかき、春菊、豆乳を加え、弱火で煮る。（髙城）

心まろやか、じんわり温まる

豆乳かき鍋

28

レシチン・カルシウムともにたっぷりの大豆製品が
精神を落ち着かせてくれます。

エネルギー
294kcal
塩分 2.7g
（1人分）

愛情伝わる具だくさん
手作りがんもどき

29

さまざまな具材の栄養がたっぷり！
食感も楽しく、思わず笑顔がこぼれそう。

エネルギー 205kcal
塩分 1.0g
（1人分）

材料（2人分）

木綿豆腐	⅔丁
きくらげ（乾燥）	4g
にんじん	30g
ぎんなん（水煮）	5個
やまといも	35g
桜えび（乾燥）	4g
黒ごま	小さじ1
大根おろし	30g
しょうゆ	小さじ½
揚げ油	適量
A 溶き卵	小さじ2
A 塩	ふたつまみ

作り方

1. 豆腐は皿などを重しとしてのせ、厚みが約半分になるまで水きりする。
2. きくらげは水で戻し、細切りにする。にんじんは皮をむき、2㎝長さの細切りにする。ぎんなんは輪切りにする。
3. やまといもは皮をむいてすりおろす。
4. ①をざるでこしてなめらかにし、③、Aを加える。よく混ざったら、②、桜えび、黒ごまを混ぜ込み、4等分して形をととのえる。
5. 揚げ油を160～170度に熱し、④を4～5分かけて揚げる。器に盛り、大根おろしを添えてしょうゆをたらす。　（満留）

30

志望校にタックル!

小松菜チキンボール

食感シャキシャキ、気持ちもシャッキリ。
気分転換に、子どもと一緒に丸めても◎

材料（2人分）

	小松菜	50g
	れんこん	25g
	長ねぎ	¼ 本
	鶏ひき肉	140g
	揚げ油	適量
A	卵	½ 個
A	パン粉	5g
A	塩	小さじ ¼
A	こしょう	少々
B	ホワイトソース（缶）	100g
B	牛乳	25mℓ
B	みそ	大さじ1

作り方

1. 小松菜は熱湯でゆでて冷水にとり、水けをしぼってみじん切りにする。
2. れんこんは皮をむいてみじん切りにし、長ねぎもみじん切りにする。
3. ボウルに①の小松菜の ½ 量、②、鶏ひき肉、Aを入れてよく練り合わせる。
4. 鍋にBを入れて温め、残りの小松菜を混ぜてソースを作る。
5. 揚げ油を170度に熱し、スプーン2本で③をラグビーボール状に形作って入れ、表面がカリッとするまで揚げる（1人分4～5個）。
6. 器に④のソースを敷いて⑤を盛り、あれば小松菜（分量外）をあしらう。　（舘野）

エネルギー 353kcaℓ
塩分 2.5g

（1人分）

エネルギー 230kcaℓ
塩分 1.5g
（1人分）

31

とろ〜り、ふんわり、快眠へ誘う

茶椀蒸しのそぼろあんかけ

チーズや豆乳、枝豆に含まれるトリプトファンが、心を穏やかにして、睡眠の質を高めます。

材料（2人分）

	卵	1個
	カマンベールチーズ	½個（50g）
	だし汁	100mℓ
	水溶き片栗粉	適量
	おろししょうがのしぼり汁	小さじ1
	枝豆（ゆでた豆）	5さや分
A	豆乳（成分無調整）	180mℓ
A	塩	少々
B	鶏ささみのひき肉	80g
B	しょうゆ	小さじ2
B	砂糖・酒	各大さじ½

作り方

1. 卵はよく溶いてAを混ぜ、ざるでこしながら器に入れ、チーズを6等分に切って加える。
2. 蒸気の上がった蒸し器（または湯をはったフライパン）に①を入れ、ふたをして強火で2分、弱火で8〜10分蒸す。
3. 鍋にBを入れてひき肉をほぐし、だし汁を加えて中火にかける。煮立ったらアクを取り、水溶き片栗粉でとろみをつけ、しょうがのしぼり汁を加える。
4. ②に③をかけ、枝豆を散らす。

（満留）

スランプがあっても、サバサバと

さばのそぼろずし

32

酢には、緊張を和らげる作用が。華やかな五目ずしで
親子ともどもリラックスしましょう。

材料（2人分）

ごはん……………………300g
すし酢……………………大さじ1⅔
さば缶（水煮）………½缶（95g）
干ししいたけ……………2枚
にんじん…………………40g
卵…………………………1個
さやえんどう（ゆでて細切りにする）
……………………10枚分
紅しょうが………………5g
A［酒……………………小さじ1
　 砂糖…………………小さじ½
B［しょうゆ・砂糖・みりん
　 ……………………各大さじ½
C［塩・砂糖………各ひとつまみ

作り方

1. 干ししいたけはひたひたの水で戻し、軸を取って薄切りにする。戻し汁は100mℓを取っておく。
2. 温かいごはんにすし酢を回しかけ、しゃもじで切るように混ぜる。
3. 汁けをきったさばとAを小鍋に入れ、ほぐしながら汁けがほぼなくなるまでいりつける。
4. 別の小鍋に①のしいたけと戻し汁、Bを入れ、落としぶたをして10分煮たら、細切りにしたにんじんを加えてさらに5分ほど煮る。
5. 卵はCを加えて溶きほぐし、フライパンに入れて火にかける。菜箸3〜4本を束ねてかき混ぜ、細かいいり卵を作る。
6. ②に、③〜⑤の⅔量を混ぜて器に盛り、残りの具とさやえんどう、紅しょうがを飾る。

（満留）

材料（2人分）

さば……………………半身
A
- ズッキーニ……………½本
- なす……………………1本
- パプリカ（赤・黄）…各¼個
- 玉ねぎ…………………½個
- エリンギ………………大1本

トマト（完熟）……………2個
にんにく（みじん切り）……1かけ分
オリーブ油………………大さじ1
顆粒（洋風）スープの素………2g
はちみつ…………………小さじ1
酢…………………………小さじ2
塩…………………………小さじ¼
こしょう…………………適量
バジルの葉（細切り）………適量

作り方

❶ さばは軽く塩（分量外）をふっておき、水分をペーパータオルでふきとる。骨を取り、ひと口大に切る。
❷ Aはすべて1cmの角切り、トマトは乱切りにする。
❸ フライパンにオリーブ油小さじ1を入れて中火にかけ、さばを皮面を下にして入れて香ばしく焼き、他の面も同様に焼いてバットにとる。
❹ ③のフライパンに残りのオリーブ油とにんにくを入れて中火にかけ、にんにくの香りがたったらAを加えて、野菜がしんなりするまで炒める。
❺ ④にトマトとスープの素を加え、水分が半分くらいになるまで、ときどき混ぜながら中火で煮る。
❻ ⑤にはちみつ、酢を加えてさらに2分ほど煮たら③のさばを戻し入れ、塩、こしょうで調味し1分ほど煮る。仕上げに、好みでバジルの葉を加える。

（藤原）

受験の不安も癒やす青魚パワー！

焼きさば入りラタトゥイユ

33

さばのEPAには精神安定効果もあります。
GABAたっぷりの野菜と一緒にどうぞ。

エネルギー 305kcal
塩分 1.5g
（1人分）

34

カルシウム最強タッグで合格を狙おう

さけ中骨とほうれん草の納豆小鉢

さけ中骨のカルシウム吸収を、
ほうれん草＆納豆のビタミンKコンビがアシスト！
食卓に一品プラスしたいときに最適です。

エネルギー 132kcal
塩分 0.9g
（1人分）

材料（2人分）

さけの中骨缶……1缶（90g）
ほうれん草……150g
納豆……1パック（40g）
焼きのり……1枚
しょうゆ……小さじ½
ごま油……小さじ½

作り方

❶ さけ中骨は軽く缶汁をきり、ざっとほぐす。ほうれん草は熱湯でゆでて冷水にとり、水けをしぼって3㎝長さに切る。
❷ のりは小さくちぎる。
❸ ボウルに納豆を入れ、しょうゆとごま油を加えて混ぜ、①～③を加えてあえる。（検見﨑）

材料（2人分）

にんじん……………………大1本
スモークサーモン……………30g
オレンジ……………………1個
イタリアンパセリの葉先（あれば）…少々
塩……………………………少々
A［赤ワインビネガー・はちみつ・オリーブ油…………各大さじ1
　こしょう…………………少々］

作り方

1. にんじんは皮をむいてピーラーでリボン状に薄切りにし、塩をふってしんなりするまでおく。
2. スモークサーモンは5〜6㎝長さに切る。
3. ボウルにAを入れて混ぜ合わせ、水けをしぼった①と②を加えて10分ほどおいて味をなじませる。
4. オレンジは皮と薄皮を除いて③に加えて混ぜ、器に盛ってパセリを散らす。

（満留）

元気を引き出す！パワフル・オレンジ

35

オレンジとにんじんのサラダ

オレンジとにんじん、スモークサーモンを組み合わせた、
鮮やかなオレンジカラーのサラダ。
ビタミンCがたっぷりとれます。

エネルギー 160kcal
塩分 1.0g
（1人分）

エネルギー
243kcal
塩分 1.5g
（1人分）

36

勝つのは“レア”とは言わせない

かつおのレアかつ

かつおに多いトリプトファンやたんぱく質が
イライラや不安を抑えてくれます。

材料（2人分）

かつお（刺身用さく）	120g
キャベツ	50g
ミニトマト（赤・黄）	各2個
パン粉	30g
小麦粉	小さじ2
ぽん酢しょうゆ	大さじ1強
塩・こしょう	各少々
サラダ油	適量
A［ 小麦粉・水	各大さじ1

作り方

1. かつおは塩、こしょうをふって5分ほどおく。
2. キャベツはせん切りにし、ミニトマトは半分に切り、器に盛る。
3. パン粉は指先でもむようにして細かくする。
4. ①に小麦粉、混ぜ合わせたA、③の順に衣をつける。
5. フライパンにサラダ油を深さ1㎝ほど入れ、④の表面がきつね色になるまで転がしながら揚げ焼きにする。
6. 食べやすい厚さに切って②に盛り、ぽん酢しょうゆを添える。（中津川）

材料（2人分）

かつお（刺身）	120g
グリーンアスパラガス	3本
長ねぎ	½本
にんにく・しょうが	各½かけ
豚ひき肉	60g
トウバンジャン	少々
塩・こしょう	各少々
片栗粉	大さじ1
ごま油	大さじ1
A みそ	大さじ1弱
A しょうゆ	小さじ1½
A 砂糖	小さじ2
A 水	100mℓ

作り方

1. かつおは塩、こしょうをふって5分ほどおき、片栗粉をまぶす。
2. アスパラガスは下3分の1の皮をむき、斜めに切る。長ねぎは斜め切りにする。
3. にんにく、しょうがはみじん切りにする。
4. フライパンにごま油を熱して①を焼き、焼き色がついたら取り出す。つづけて③とひき肉を炒め、香りがたったら②を加えて炒める。
5. トウバンジャンを加えてさっと炒め、混ぜ合わせたAを加える。かつおを戻し入れ、とろみがつくまで煮る。

（中津川）

めげそうな心に“かつ”を！

37

マーボーかつお

パンチを効かせた味と、かつおに含まれるチロシンの作用でやる気をアップさせましょう。

エネルギー 265kcal
塩分 2.1g
（1人分）

38

「すっぱい」は成功のもと

豚だんごの酢豚

こま切れ肉をさっと丸めるだけの、簡単豪華な一品。
甘酸っぱい味が食欲をそそります。

材料（2人分）

豚こま切れ肉		140g
しょうが		½かけ
長ねぎ		50g
ピーマン		2個
パプリカ（赤）		60g
セロリ		30g
塩・こしょう		各適量
片栗粉		小さじ2
サラダ油		大さじ1
A	酢	大さじ1
	しょうゆ・砂糖	各小さじ2
	鶏がらスープの素	小さじ1
	水	50mℓ

作り方

1. 豚肉は軽く塩、こしょうをふり、ひと口大に丸めて片栗粉をつける。
2. しょうがは薄切り、長ねぎは斜め切りにし、ピーマン、パプリカ、セロリは乱切りにする。
3. フライパンにサラダ油を熱し、①を転がしながら炒める。焼き色がついたら②を加えて炒める。
4. 全体に油が回ったら、混ぜ合わせたAを加え、とろみがつくまで煮る。

（中津川）

エネルギー 289kcal
塩分 1.1g

（1人分）

エネルギー
394kcal
塩分 1.7g
（1人分）

39

メンタルを支える具材たっぷり

炒めそうめん

あまりがちなそうめんを、ボリュームのある一皿に。落ち着きや安眠を促す栄養素が満載です。

材料（2人分）

そうめん	2束（100g）
豚もも薄切り肉	80g
厚揚げ	30g
にら	40g
もやし	60g
卵	1個
桜えび	大さじ2
だし汁	約100mℓ
薄口しょうゆ（またはしょうゆ）	大さじ ½
ごま油	小さじ2
A 塩	少々
A 酒	大さじ ½

作り方

1. 豚肉は2㎝幅に切り、Aで下味をつける。厚揚げは短冊切りにする。
2. にらは3～4㎝長さに切り、もやしはひげ根を取る。
3. そうめんはかためにゆで、流水で洗って水けをきる。
4. フライパンにごま油の半量を中火で熱し、溶いた卵を入れていり卵を作り、取り出す。
5. 同じフライパンに残りのごま油を入れて豚肉を炒め、色が変わったら、桜えびと厚揚げを加えて炒める。③を加え、だし汁を少しずつ加えてほぐすように炒め、しょうゆで味をととのえる。
6. ②を⑤に加えてさっと炒め、いり卵を混ぜる。

（満留）

エネルギー
465kcal
塩分 2.5g
（1人分）

涼風うどんで心身ともにクールダウン

冷しゃぶ梅モロヘイヤうどん

40

梅とモロヘイヤのたれで、夏バテを予防。
夏休み中のランチにもぴったりです。

材料（2人分）

豚しゃぶしゃぶ用肉……160g
うどん（冷凍）……2玉
モロヘイヤ（茎を除く）……60g
梅干し（種を除く）……15g
レタス……2枚
きゅうり……½本
ミニトマト……4個
A ┌ めんつゆ（3倍濃縮）……大さじ1⅔
　 └ 水……90mℓ

作り方

1. 豚肉はさっとゆでて冷水にとり、水けをきる。
2. モロヘイヤはゆで、冷水にとって水けをしぼり、包丁でたたく。包丁でたたいた梅干し、Aと混ぜ合わせる。
3. レタスは食べやすくちぎり、きゅうりは細切りにする。
4. うどんを電子レンジで解凍し、冷水にとって水けをきる。
5. 器に④、③、①、ミニトマトを盛り合わせ、②を器に入れて添える。　（中津川）

材料（2人分）

- 鶏手羽先……4本
- ゆでたけのこ……小½本
- スナップえんどう……3本
- サラダ油……小さじ½
- A
  - だし汁……300mℓ
  - 黒酢……大さじ2
  - 酒……大さじ1
- B
  - しょうゆ……小さじ2
  - みりん……大さじ1

作り方

1. 手羽先は関節のところから羽先を切り落とす。たけのこは縦にくし形に切る。
2. スナップえんどうは筋を取り、熱湯でゆで、斜め半分に切る。
3. フライパンにサラダ油を熱し、手羽の両面をしっかりと焼いて取り出し、熱湯をかけて余分な油を流す。
4. 鍋にA、③、たけのこを入れて煮立て、落としぶたをして弱火で20分ほど煮る。
5. ふたを取って煮汁がとろりとするまで煮詰め、Bを加えてさらに煮詰め、最後に②を加える。

（牧野）

ほろりとやわらかいお肉に心もほぐれる

手羽先の黒酢煮

41

手羽先のパントテン酸と黒酢のアミノ酸。
W《ダブル》の働きでストレスを撃退！

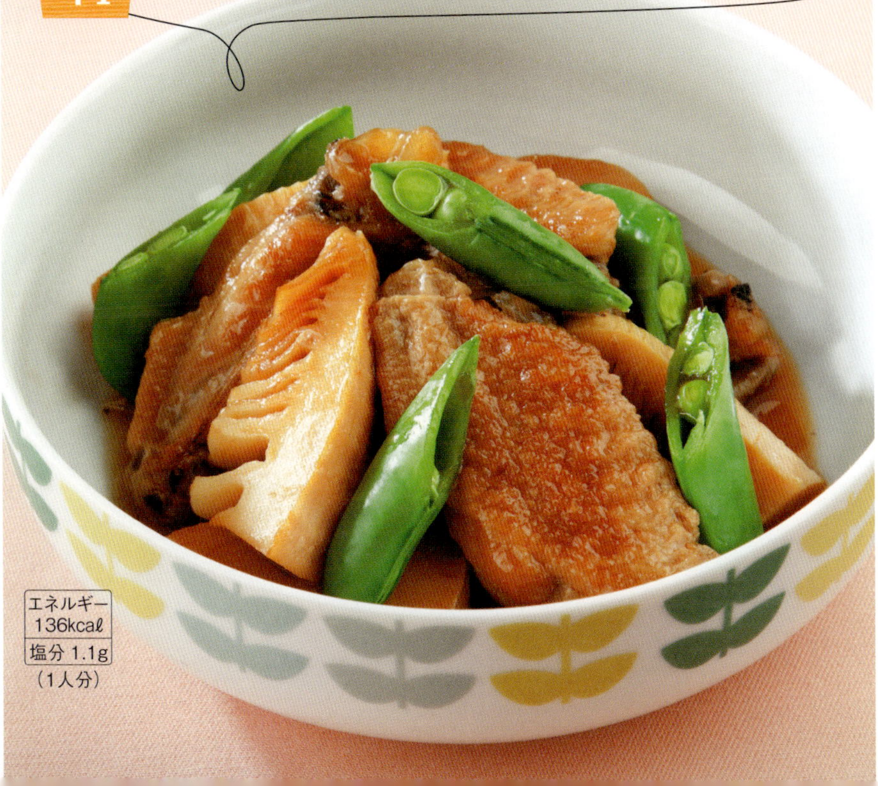

エネルギー 136kcal
塩分 1.1g
（1人分）

Part 3

入試本番まで健康を守るための

体調UPレシピ

かぜや下痢、勉強疲れは食事で乗りきろう。ポイントは免疫力アップ!

試験当日に向け、ラストスパートをかける重要な冬の時期、何より気をつかうのが、〝かぜをひかせない〟ことです。免疫力を高めて、ウイルスや細菌への抵抗力をつけるたんぱく質やビタミンC、のどや鼻の粘膜を強化するビタミンAたっぷりの食事を心がけましょう。疲労予防や回復に働くビタミンB_1やイミダゾールジペプチドもしっかりとりたい栄養です。疲れにくい元気な体をつくることも、かぜ予防になります

また、ストレスなど精神的原因で下痢気味になったり、胃腸をこわす子どももふえてきます。発酵食品や乳製品、食物繊維を積極的にとって腸内環境を整えましょう。免疫力が上がり、おなかの調子も改善します。

食材には心身に働きかけるさまざまな栄養成分が含まれていますから、子どもの体調に合わせて組み合わせ、症状改善に役立つ食事を作ってあげましょう。

そして、適度に体を動かし、睡眠を十分とって体力をつけること。疲れがとれるだけでなく、免疫力も、脳の活動も高まります。

症状の予防・改善に役立つ栄養成分と食材

おなかのトラブルには……

※胃の不調には、胃の粘膜を保護し強化するムチンや、消化を助けるジアスターゼが有効

●ムチン（ネバネバ成分）

納豆、オクラ、モロヘイヤ、さといも、れんこん、なめこなど

●ジアスターゼ（消化酵素）

大根、かぶ、やまいもなど

※腸の不調には、食物繊維が有効

食物繊維には、便をやわらかくして排泄する水溶性と、便のかさをふやしたり、腸の蠕動《ぜんどう》運動を活発にする不溶性の2種類がありますから、便秘か下痢か、症状を見ながら食材を選びましょう。また、発酵食品を毎日とって善玉菌をふやし、腸の元気を維持することもトラブルの予防になります。

●水溶性食物繊維

玉ねぎ、ごぼう、アボカド、オクラ、こんにゃく、わかめ、みかん、ぶどう、いちごなど

●不溶性食物繊維

にんじん、ごぼう、じゃがいも、キャベツ、きのこ、豆類、大豆、玄米、バナナ、りんごなど

●発酵食品

塩麹、みそ、ヨーグルト、チーズ、納豆、漬物など

かぜ対策には……

●免疫力を高めるビタミンC

じゃがいも、ピーマン、ブロッコリー、貝割れ菜、ミニトマト、みかんなど

●ウイルスや細菌への抵抗力をつけるたんぱく質

さけ、ぶり、さわら、たら、しらす、うなぎ、えび、肉類、卵、豆腐、油揚げ、牛乳、チーズ、ヨーグルトなど

●のどや鼻の粘膜を強化するビタミンA

かぼちゃ、にんじん、モロヘイヤ、ほうれん草など

※血行をよくして体を温める、ねぎやしょうがもひきはじめには効果的。

勉強疲れには……

●疲労予防に役立つビタミンB_1

うなぎ、豚肉、玄米、大豆、オクラなど

●疲労回復に働くイミダゾールジペプチド

まぐろ、かつお、かじき、鶏むね肉など

●肝臓の元気をサポートし、疲労症状を改善するタウリン

いか、たこ、あさり、しじみ、かきなど

※目の疲れは、ビタミンA（うなぎ、にんじん）や色素成分アントシアニン（なす、ブルーベリー）が癒やしてくれます。

エネルギー 261kcal
塩分 0.8g
（1人分）

42

免疫力を高めてかぜを撃退

たらの香草パン粉焼き

じゃがいもに含まれるビタミンCと、ヨーグルトソースの乳酸菌で免疫力アップ！ かぜ対策におすすめです。

材料（2人分）

生たら ……………… 2切れ（200g）
じゃがいも ……………………… 1個
ベビーリーフ ……………… 1パック
A
- ヨーグルト・マヨネーズ ………………各大さじ1
- 粒マスタード ………… 小さじ1

B
- バター ………………… 小さじ ½
- 粉チーズ …………… 大さじ1

C
- バジル（みじん切り）……… 大さじ ½
- ローズマリー（葉を刻む）…… 大さじ ½
- オリーブ油 ………… 大さじ ½
- パン粉（細かいもの）…… 大さじ5

作り方

1. Aを混ぜ合わせてソースを作る。
2. じゃがいもは皮をむいてひと口大に切り、鍋に入れて水を加え、強火にかける。沸騰したら中火にし、やわらかくなるまでゆでて湯を捨てる。火にかけて水分を飛ばし、つぶしてBを混ぜる。
3. オーブントースターの受け皿にアルミホイルとオーブンシートを敷き、たらを並べ、Cを混ぜ合わせた香草パン粉を上にかけ、8～10分焼く。
4. 器に②のじゃがいもを盛って③のたらをのせ、ベビーリーフを添え、ソースをかける。

（牧野）

43

ほっこり優しく体を守る
大根とたらと卵のグラタン

大根に含まれた消化酵素の働きでたらや卵の栄養吸収が大幅にアップ。受験期を乗りきる丈夫な体をつくります。

エネルギー 311kcal
塩分 1.6g
（1人分）

材料（2人分）

大根	⅛ 本
生たら	1切れ（100g）
玉ねぎ	¼ 個
しめじ	¼ パック
塩・こしょう	各適量
卵	2個
バター	大さじ ½
パセリ（みじん切り）	少々
サラダ油	小さじ1
A ホワイトソース	½ 缶（145g）
A 牛乳	25mℓ
A しょうゆ	小さじ1
B パン粉	大さじ1
B 粉チーズ	大さじ ½

作り方

1. 大根は皮をむいて1cm厚さのいちょう切りにし、塩少々を加えた湯で下ゆでする。
2. たらは酒少々（材料外）を加えた湯でさっと下ゆでする。
3. 玉ねぎは薄切りにし、しめじは石づきを切ってほぐす。フライパンにサラダ油を熱し、しんなりするまで炒め、塩、こしょうで調味する。
4. 卵は水から約15分ゆでてかたゆでにし、水につけて殻をむく。冷めたら薄切りにする。
5. 鍋にAを入れて温め、①〜③を加えてざっくり混ぜ、耐熱容器に入れる。
6. ⑤の上に④の卵を並べ、バターをちぎって散らし、Bをふる。オーブントースターで焼き色がつくまで焼き、パセリを散らす。（舘野）

44

粘膜を強くして感染症予防

ミートソースとかぼちゃの重ね焼き

子どもが大好きなトマト味のミートソースとかぼちゃの壁でかぜ菌やウイルスをシャットアウト!

材料（2人分）

	かぼちゃ	400g
	牛赤身ひき肉・豚赤身ひき肉	各 50g
	玉ねぎ（みじん切り）	¼ 個分
	まいたけ（粗みじん切り）	50g
	赤ワイン	大さじ2
	牛乳	大さじ1〜2
	塩・溶き卵	各適量
	サラダ油	小さじ1
A	トマト水煮缶（ホール）	150g
A	固形スープの素	½ 個
A	オレガノ（乾燥・あれば）	少々

作り方

1. 鍋にサラダ油を熱して玉ねぎを炒め、しんなりしたらひき肉を加え、色が変わったらまいたけを加えて炒める。
2. ①に赤ワインを加えてアルコール分を飛ばし、A（トマトは手でつぶす）、水大さじ2（材料外）を加え、弱めの中火で12分ほど煮て、塩で味をととのえる。
3. かぼちゃは種を除いて皮をむき、ひと口大に切って耐熱容器に入れる。ラップをして電子レンジに5分ほどかけ、つぶしてから牛乳を加えてなめらかにする。
4. 耐熱の器に②、③の順に重ね、表面に溶き卵をぬり、フォークで模様をつける。
5. オーブントースターで焼き色がつくまで5〜6分焼く。 （満留）

エネルギー 232kcal
塩分 0.9g
（1人分）

エネルギー 345kcal
塩分 2.4g
（1人分）

パワーと気力を回復

45

ほうとう風煮込みうどん

豚肉には元気回復効果のあるビタミンB_1がたっぷり。
ビタミンA・C豊富なかぼちゃとの組み合わせで、
かぜ気味のときにもおすすめ。

材料（2人分）

ゆでうどん（平打ち）	200g
豚もも薄切り肉	80g
油揚げ	½枚
かぼちゃ	100g
ごぼう	⅛本
しめじ	½パック
長ねぎ	5cm
ほうれん草	50g
だし汁	500mℓ
みそ	大さじ1⅔

作り方

❶ 豚肉は食べやすい長さに切り、油揚げは半分に切ってから1.5cm幅に切る。

❷ かぼちゃは種とわたを除き、1.5cm厚さのひと口大に切る。ごぼうは包丁の背で皮をこそげ、ささがきにして水にさらし、水けをきる。しめじは石づきを切って小房に分ける。

❸ 長ねぎは斜め薄切り、ほうれん草は3cm長さに切る。

❹ 鍋にだし汁を入れて火にかけ、煮立ったら①と②を加えてアクを取り、ふたをして3分ほど煮る。

❺ うどんを加えてさらに3分ほど煮て、みそを溶き入れ、③を加えてさっと煮る。（満留）

46

冷え対策のポカポカ中華

白い麻婆豆腐

牛乳ベースのユニークな麻婆豆腐。
しょうがや長ねぎの辛味成分が体を芯から温めます。

エネルギー 312kcal
塩分 2.8g

（1人分）

材料（2人分）

	豚ひき肉	80 g
	木綿豆腐	½ 丁
	牛乳	300mℓ
	水	80mℓ
	サラダ油	小さじ2
	水溶き片栗粉	適量
A	長ねぎ（みじん切り）	½ 本分
A	にんにく（みじん切り）	1かけ分
A	しょうが（みじん切り）	4g分
B	顆粒中華だしの素・粉山椒・一味とうがらし・塩	各小さじ ⅔
B	とうがらし	½ 本

作り方

1. フッ素樹脂加工のフライパンで豚ひき肉を炒め、脂が出てきたら A を加え、香りが出たら混ぜ合わせた B を加える。
2. 豆腐を約 2cmの角切りにして①に加え、さらに牛乳、水を加え煮込む。
3. 豆腐が煮えたら、サラダ油を加えて軽く煮込み、水溶き片栗粉でとろみをつける。

（平井）

※辛さが苦手なお子さんには、粉山椒と一味とうがらしを抜いてください。

材料（2人分）

- そば（乾）……………… 120g
- 鶏もも肉 ………… ½枚（120g）
- 長ねぎ……………………… ½本
- しょうが（せん切り）…………20g
- 大根 ……………………………50g
- 貝割れ菜…………………½パック
- A めんつゆ（3倍濃縮）……80mℓ
- A 水 …………………………220mℓ

作り方

1. 長ねぎは3〜4㎝長さに切る。
2. 鍋を火にかけ、鶏肉の皮を下にして入れ、脇にしょうがと①を入れ、弱めの中火で鶏肉と長ねぎに焼き色をつける。裏返して、同様に焼き色をつけたら、火を止め、鶏肉を取り出す。粗熱がとれたらそぎ切りにする。
3. 大根は皮をむいてせん切りにし、貝割れ菜は根を切って長さを半分に切る。
4. そばは表示どおりにゆでて流水で洗い、水けをきって③を混ぜ、器に盛る。
5. ②の鍋にAを入れて煮立て、鶏肉をさっと煮て器に盛る。

（満留）

47

血流をよくして冷え解消
しょうがたっぷり鶏せいろ

血行促進効果のあるショウガオールがしっかりとれるよう、しょうがをつゆで煮るのがポイント。

エネルギー 334kcal
塩分 2.5g
（1人分）

48

みかんバリアーでかぜを予防

ポークソテーみかんジンジャーソース

甘酸っぱくて意外なおいしさのフルーツしょうが焼き。
体を温めて、感染から身を守ります。

材料（2人分）

豚ロース肉（しょうが焼き用）
…………4～6枚（150g）
ブロッコリー…………………½株
みかん……………………小2個
小麦粉……………………適量
サラダ油…………………小さじ1
A
- おろししょうが………大さじ1⅓
- しょうゆ・酒………各大さじ1
- みりん………………大さじ½

作り方

❶ 豚肉は脂身を5㎜ほど残して切り落とし、筋を切る（肉と脂身との境に直角に数カ所切り目を入れる）。
❷ ブロッコリーは小房に分け、熱湯でゆでる。みかんは皮をむき、薄皮ごと1.5㎝角くらいに切る。
❸ フライパンにサラダ油を熱し、①に薄く小麦粉をまぶして入れ、強火でさっと両面を焼いて取り出す。
❹ 同じフライパンにみかん、Aを入れて軽く煮詰める。豚肉を戻し入れて上下を返して煮からめる。
❺ 器に④を汁ごと盛り、ブロッコリーを添える。

（満留）

材料（2人分）

豚ロース肉……………………100g
塩麹（市販）………………大さじ4
まいたけ…………1パック（80g）
しめじ…………1パック（100g）
水菜……………………………½束
長ねぎ……………………………1本
水………………………………400㎖

作り方

1. 豚肉は食べやすい大きさに切り、塩麹でもんでおく。まいたけはほぐし、しめじも石づきを切ってほぐしておく。
2. 水菜は7～8㎝長さのざく切りに、長ねぎは7～8㎝長さの斜め切りにする。
3. 鍋に水を入れ、沸騰したら①と長ねぎを入れる。豚肉に火が通ったら水菜を加え、さっとひと煮立ちさせる。（平井）

食欲がない日のお助けメニュー

きのこと豚肉の塩麹鍋

49

塩麹でもむと酵素の働きで肉がやわらかくなり、うま味もアップ！ 汁までおいしくいただけます。

エネルギー 209kcal
塩分 3.8g
（1人分）

50

胃のコンディションを整える

大根としらすの納豆ドレッシングサラダ

シャキシャキ大根が消化吸収を助け、納豆のネバネバ成分が胃の粘膜を保護します。

エネルギー 113kcal
塩分 0.8g
（1人分）

材料（2人分）

	大根	150g
	水菜	50g
	ひきわり納豆	1パック（50g）
	しらす干し	20g
	塩	小さじ ¼
A	酢	大さじ1
A	オリーブ油	大さじ ½
A	めんつゆ（3倍濃縮）	小さじ2
A	おろししょうが	小さじ ½

作り方

1. 大根は4～5㎝長さの細切りにし、塩をまぶす。水菜は4㎝長さに切る。
2. 納豆にAを混ぜてドレッシングを作る。
3. 大根がしんなりしたら、よくもんで水けをしぼる。
4. 器に、水菜を敷いて③を盛り、②をかけてしらすをのせる。

（満留）

51

善玉菌を活性化して免疫力を強化

アボカドとえびのヨーグルトグラタン

水切りヨーグルトとチーズで作るソースがポイント。善玉菌をふやして腸内環境を整えます。

材料（2人分）

	アボカド	1個
	ゆでえび	6尾
	ミニトマト	4個
	プレーンヨーグルト	100g
A	粉チーズ	大さじ2
A	マヨネーズ	大さじ1
A	塩	2つまみ
A	こしょう	少々

作り方

1. ヨーグルトはペーパータオルを敷いたざるに入れ、約半量になるまで水きりする（2〜3時間）。
2. アボカドは半分に切って種を取り、皮をむき1cm幅に切る。ミニトマトは半分に切る。
3. ①に**A**を混ぜ合わせ、ソースを作る。
4. 耐熱の器に②、えびを盛り、③のソースをかけてオーブントースターで焼く（1000Wなら3〜4分）。

（満留）

エネルギー 287kcal
塩分 1.1g
（1人分）

エネルギー 194kcal
塩分 2.4g
（1人分）

52

発酵づくしで胃腸を元気に！

さわらの塩麹じめ、中華風カルパッチョ

発酵食品4品（塩麹、黒酢、ザーサイ、しょうゆ）をおいしく盛り込みました。

Point

EPAやDHAは空気にふれると酸化しやすいので、塩麹を塗ったあとは、空気になるべく触れないようラップでぴっちり包むのがポイント。

材料（2人分）

さわら（刺身用さく）……150g
塩麹（市販）……大さじ2
味つけザーサイ……30g
きゅうり……½本
ねぎ……10㎝
貝割れ菜……½パック
A
- しょうゆ……小さじ2
- 黒酢……大さじ1
- ごま油……大さじ½
- 砂糖……小さじ½

作り方

1. 塩麹をさわらの表面全体に塗り、ラップでぴっちりと包み、冷蔵庫に入れて一晩漬ける。
2. 味つけザーサイ、きゅうりはせん切り、ねぎは長さを半分に切って白髪ねぎにする。貝割れ菜は根元を切り落とし、長さを半分に切る。
3. ①のさわらは塩麹を軽くふきとり、そぎ切りにする。
4. 器にさわらを並べて②をのせ、Aを混ぜ合わせたドレッシングをかける。全体を軽く混ぜながらいただく。

（村田）

53

栄養充実の温野菜サラダ

スチーム野菜のみそマヨディップ

短時間蒸すだけなので、素材の味がそのまま楽しめ、
栄養面の損失も少ないのがメリット。

エネルギー 96kcal
塩分 0.6g
（1人分）

材料（2人分）

オクラ……………… 6本（60g）
スナップえんどう… 6本（50g）
ミニにんじん …… 6本（120g）
ラディッシュ ………6個（75g）
A［みそ・レモン汁 ……各小さじ1
　 マヨネーズ ………… 大さじ1

作り方

1. オクラはガクをむき、スナップえんどうは筋を取る。
2. フライパンに①、ミニにんじん、葉を切ったラディッシュを並べ、水を80ml（材料外）ほど注いでふたをし、中火にかける。沸騰したら3分ほど蒸し、ふたを開けて水分を飛ばす。
3. 混ぜ合わせたAのソースを添える。　（牛尾）

エネルギー 398kcal
塩分 1.2g
（1人分）

54

W《ダブル》の食物繊維でおなかの不調も解決！

雑穀炊き込みごはん

「不溶性」に加え、不足しがちな「水溶性」もしっかりとれて腸《チョー》ヘルシー。

材料（作りやすい分量・4人分）

米……1.5合
発芽玄米……0.5合
雑穀ミックス（市販）……小1袋（25g）
新しょうが……2かけ
（普通のしょうがなら1かけ）
芽ひじき（乾燥）……大さじ1
油揚げ……½枚
にんじん……¼本
ごぼう……⅓本
枝豆（さやつき）……100g
A
- だし汁……400mℓ
- しょうゆ……小さじ2
- 塩……小さじ½
- 酒……大さじ2

作り方

1. 米、発芽玄米は一緒にボウルに入れ、水で洗ってざるにあげ、水けをきる。
2. 新しょうがは皮をこそげ取り、せん切りにする。飾り用に少々取っておく。
3. 芽ひじきは軽く水で洗い、ざるにあげて水けをきる。油揚げは熱湯をかけて油抜きし、縦半分、5㎜幅に切る。にんじんは皮をむいて太めのせん切りにする。ごぼうは包丁の背で皮をこそげ取ってささがきにし、水に5分さらす。
4. 枝豆は塩ゆでして豆を取り出す。
5. 炊飯器の内釜に①、②、③、雑穀ミックス、Aを加えて軽く混ぜ合わせ、通常どおり白米のモードで炊く。
6. 炊きあがったら枝豆を加えてさっくりと混ぜて器に盛り、新しょうがのせん切りを飾る。（村田）

材料（2人分）

- 生春巻きの皮（ライスペーパー）…… 4枚
- うなぎの蒲焼き …… ½尾（60g）
- 卵 …… Lサイズ1個
- サニーレタス …… 2枚
- きゅうり …… 1本
- 青じそ …… 4枚
- 万能ねぎ …… 5本
- バルサミコ酢 …… 大さじ2
- 添付の蒲焼きのたれ …… 大さじ½
- サラダ油 …… 小さじ½
- A
  - 塩 …… 少々
  - 砂糖 …… 小さじ¼

作り方

1. 卵は溶きほぐしてAを混ぜる。サラダ油を熱した卵焼き器に½量を流し、半熟状になったら巻き、残りも流して卵焼きを作り、冷ます。
2. 蒲焼きは縦に1㎝幅に切る。サニーレタスは8〜10㎝角にちぎり、きゅうりは斜め薄切りにしてから細切りにする。青じそは茎を切り、万能ねぎは17〜18㎝長さに切る。
3. バルサミコ酢を半量に煮詰め、蒲焼きのたれを混ぜる。
4. ①が冷めたら、棒状に4等分する。
5. 生春巻きの皮1枚をさっと水にくぐらせてまな板にのせ、②、④の¼量を手前にのせ、ひと巻きしてから両端を折って巻く。残りも同様に巻く。
6. それぞれ3等分に切って器に盛り、③のたれを添える。

（満留）

体調も視力もうなぎのぼりに回復!?

うなぎの生春巻き

55

うなぎはスタミナを補給してくれるだけではありません！
ドライアイ改善など目の健康効果も期待できます。

エネルギー 233kcal
塩分 1.0g
（1人分）

エネルギー
144kcal
塩分 0.5g
（1人分）

56

日々酷使している目をいたわる

蒸しなすとツナのサラダ

なすの皮の色素成分・アントシアニンには目の疲れをとる働きがあります。
ゆでずにレンジ加熱で、鮮やかな色と栄養をキープ。

材料（2人分）

	なす	2本
	ツナ（オイル漬け）	小1缶
	きゅうり	½本
	トマト	小1個
	サニーレタス	1枚
A	おろしにんにく	少々
A	長ねぎ（みじん切り）	5㎝分
A	ごま油	大さじ½
A	塩・こしょう	各少々

作り方

1. なすはへたを切り、全体を竹串で刺す。1本ずつラップで包み、電子レンジに4分30秒かける。粗熱がとれたら長さを半分に切り、縦に6～8等分に切る。
2. きゅうりはピーラーで縞状に皮をむき、縦半分に切って斜め薄切りにする。トマトはくし形に切り、サニーレタスはひと口大に切る。
3. ツナは油をきってほぐす。
4. ボウルに①～③を入れ、Aを順に加えてあえる。

（検見﨑）

材料（2人分）

いか	1ぱい（約260g）
ピーマン	2個
パプリカ（赤）	½個
ゆでたけのこ	50g
生しいたけ	2枚
サラダ油	大さじ1
A 酒・片栗粉	各大さじ1
B オイスターソース	小さじ2
B しょうゆ	小さじ1
B 酒	大さじ1
B おろしにんにく	少々
B 水	大さじ2
B 鶏がらスープの素	ひとつまみ

作り方

1. いかは胴を切って開き、内臓を取り除いて皮をむく。胴は5～6㎝長さの細切りにし、足は1本ずつに切り、Aをからめる。
2. ピーマン、パプリカ、たけのこは細切りにし、しいたけは石づきを取って薄切りにする。
3. フライパンにサラダ油を熱して②を炒め、しんなりしたら①を加える。いかの色が変わったら、混ぜ合わせたBを回しかけ、手早く炒める。

（牧野）

勉強疲れを“いか”に癒やすか…

チンジャオいか

57

疲労回復効果のあるタウリン豊富ないかが主役。よくかんで食べれば、脳もリフレッシュできそう。

エネルギー 215kcal
塩分 1.9g
（1人分）

エネルギー 476kcal
塩分 1.8g
（1人分）

58

“骨”や“歯”を育てるカルシウム入り

しじみチヂミ

元気をつくるタウリン・オルニチンのほか、カルシウムの多さもしじみの特徴。
チヂミの具材にすればたくさん食べられます。

材料（2人分）

	しじみ	200g
	玉ねぎ	¼ 個
	にんじん	20g
	もみのり	6g
	ごま油	大さじ1½
A	小麦粉	100g
A	卵	½ 個
A	しじみのゆで汁と水を合わせて	120mℓ
B	酢・しょうゆ	各大さじ2
B	ごま油	大さじ1
B	白いりごま	少々

作り方

❶ 鍋にしじみとかぶるくらいの水（分量外）を入れてゆで、ゆで汁と身に分ける（ゆで汁はとっておく）。
❷ 玉ねぎとにんじんはせん切りにする。
❸ Aを混ぜ合わせて生地を作り、のり、①のしじみの身、②の野菜を加える。
❹ フライパンにごま油を熱し、③をおたまで流し入れ、菜箸で手早く形を丸くととのえる。周りがこんがりしたら裏返して両面焼く。混ぜ合わせたBのたれを添える。（平井）

材料（2人分）

あさり（砂抜きずみ）……… 200g
グリーンアスパラガス ……… 1束
ミニトマト ……………… 5個
A ┌ 白ワイン ……… 大さじ1
　 └ にんにく（つぶす）…… ½かけ
B ┌ 白ワインビネガー … 大さじ1
　 │ 塩・こしょう ……… 各少々
　 └ オリーブ油 ……… 大さじ1

作り方

❶ あさりは殻をこすり合わせて洗い、鍋に入れてAを加え、ふたをして強火で蒸す。
❷ 殻が開いたら火を止め、粗熱がとれたら身を取り出す。蒸し汁（茶こしでこしたもの）大さじ1をボウルに入れ、Bを混ぜてマリネ液を作る。
❸ アスパラガスは根元を少し切り落とし、かたい部分の皮をむき、熱湯でゆでて3㎝長さに切る。ミニトマトは縦半分に切る。
❹ ②のマリネ液にあさり、③を加え、冷蔵庫に10分ほど入れて味をなじませる。（満留）

思春期の貧血対策に！

59

あさりとアスパラのマリネ

うま味たっぷりのあさりには、赤血球の材料となる鉄分が！
野菜のビタミンCと一緒にとると吸収率がアップします。

エネルギー 93kcal
塩分 1.1g

（1人分）

Part 4

午前中の脳活動を支える 朝食レシピ

朝食をとっている子どもは成績がよい！「かむ」ことで脳がより活性化

受験シーズンになると勉強での夜更かしがふえ、朝は食欲がわかないという子どもの声をよく聞きますが、脳科学的には「朝食抜き」は避けたいところです。朝ごはんには〝脳や体に栄養を与えて午前中の脳活動を支える〟という重要な役目があるからです。

脳は寝ている間も、実は多くのエネルギーを消費しており、起きたときはいわばガス欠の状態。食欲がなくても、脳はおなかペコペコなのです。エネルギー不足では、頭の回転はもちろん、体温も上がらず、イライラして精神的にもよくありません。朝食をとることによって、脳のエネルギー源である糖質が供給され、脳が目覚めて活動を始めます。

また、食事による「かむ」という行為が脳にさらによい影響を与えます。あごをしっかりと動かす〝リズム運動〟が脳を刺激して活発にし、記憶力や思考力を高める効果があるとされているのです。

実際、文部科学省の調査(＊)によると、朝食を毎日とっている子どもほど、学習成績がよいという結果が出ています（小学6年生・中学3年生共に）。集中力を高めて成績を上げるためにも、朝食は不可欠です。

*『平成25年度全国学力・学習状況調査』〈朝食の摂取と学力調査の平均正答率との関係〉

ベースは「炭水化物&たんぱく質」の献立。食材のちょい足しで栄養価をアップ

では、どんな朝食が脳をよりシャキッと目覚めさせるのでしょうか。栄養的に理想なのは、エネルギー源になる「炭水化物&たんぱく質」が揃った食事です。ここに野菜や果物でビタミンとミネラルを加え、全体のバランスを整えます。

とはいえ、朝の忙しい時間にあれこれ品数を揃えるのは大変です。品数をふやすより、汁ものに卵やチーズを〝ちょい足し〟したり、シリアルにフルーツをトッピングしたり、スープや丼をいつもより具だくさんにするなど、1皿（品）を充実させるのがおすすめです。食材をふやすと、栄養バランスも自然とよくなってきます。ドライフルーツや雑穀などかみ応えのある食材をプラスすれば、なお効果的です。

朝ごはんをしっかり食べさせ、1日を元気にスタートさせましょう。

3つの組み合わせが朝食の基本

60

脳に素早くエネルギーをチャージ！

おにぎりプレート

総エネルギー 608kcal
総塩分 3.3g

（1人分）

カルシウムがとれる
意外な組み合わせ

チーズ風味のみそ汁

材料（2人分）

- 小松菜 ……………………… 60g
- 玉ねぎ ……………… ¼個（50g）
- しめじ …………… ½パック（40g）
- だし汁 ……………………… 300mℓ
- みそ ……………………… 大さじ1⅓
- ピザ用チーズ ………………… 30g

作り方

1. 小松菜は3cm長さに切り、玉ねぎは7〜8mm厚さのくし形に切る。しめじは石づきを切ってほぐす。
2. 鍋にだし汁を入れて煮立て、①を加えて火を通したらみそを加え、器に盛ってチーズを散らす。

（検見﨑）

エネルギー 181kcal
塩分 1.1g

（1人分）

鶏とアスパラの卵炒め

優良たんぱく質
たっぷりの主菜

材料（2人分）

- 鶏むね肉（皮なし）………… 1枚（150g）
- グリーンアスパラガス …… 4本（100g）
- トマト ……………………………… 1個
- 卵 ………………………………… 1個
- サラダ油 …………………… 大さじ½
- A しょうゆ ………………… 大さじ½
- A こしょう ……………………… 少々

作り方

1. 鶏肉はひと口大のそぎ切りにする。
2. グリーンアスパラガスは4cm長さ、トマトはひと口大に切る。
3. フライパンにサラダ油を中火で熱して①を炒め、色が変わったら②を加えて炒める。溶いた卵を流して炒め、Aで調味する。　（検見﨑）

エネルギー 98kcal
塩分 2.2g
（1人分）

ビタミンフルーツ

材料と作り方（2人分）

キウイフルーツ1個を横半分に切る。

エネルギー 27kcal
塩分 0g
（1人分）

エネルギー 302kcal
塩分 0g
（1人分）

炭水化物
ごはん

たんぱく質
鶏肉・卵・チーズ

ビタミン&ミネラル
野菜・海藻・果物

おにぎり2種

材料と作り方（2人分）

ごはん（360g）を4等分しておにぎりを作り、2個に白すりごま少々をまぶし、残りは焼きのり適量を巻く。

61

かみ応え満点グラノーラで脳を活性化

フルーツグラノーラ&さけ缶サラダセット

総エネルギー 591kcal
総塩分 1.1g
（1人分）

玄米グラノーラボウル

ビタミンとカルシウムをトッピング

エネルギー 425kcal
塩分 0.1g
（1人分）

材料（2人分）

玄米フレーク …………………… 120g
グレープフルーツ ……………… ⅔個
ドライフルーツ
（レーズン、クランベリー、ブルーベリー）……60g
プレーンヨーグルト …………… 240g

作り方

1. グレープフルーツは皮と薄皮を除き、ひと口大に割る。
2. 器に玄米フレークを盛り、①、ドライフルーツを散らし、ヨーグルトをかける。（検見﨑）

材料（2人分）

- レタス……………………60g
- 海藻ミックス（乾）…………6g
- かぼちゃ………………100g
- さやいんげん……………40g
- さけ缶（水煮）……………90g
- A
  - こしょう………………少々
  - レモン汁……………⅓個分
  - オリーブ油………小さじ2

作り方

1. レタスはひと口大にちぎり、海藻は水で戻し、水けをきる。
2. かぼちゃは5～6㎝長さ、5㎜厚さに切ってゆでる。いんげんはゆでて4㎝長さに切る。
3. 器に①、②、缶汁をきったさけを盛り合わせ、Aを混ぜたドレッシングをかける。（検見﨑）

缶詰と乾物でササッと作れる

さけ缶とゆで野菜のサラダ

エネルギー 166kcal
塩分 1.0g
（1人分）

マイ・グラノーラを作ろう！

グラノーラとは好みのシリアルにドライフルーツやナッツなどをミックスしたもの。好みや目的に合わせて、いろいろブレンドしてみましょう。

※ベースはオートミールや玄米フレークを使用

▶骨を丈夫にしたいなら、カルシウムやビタミンEが豊富なナッツ類をブレンド

◀免疫力をつけるなら、ビタミン・ミネラル類が凝縮されたドライフルーツをブレンド

炭水化物
玄米フレーク

たんぱく質
さけ缶・ヨーグルト

ビタミン&ミネラル
野菜・海藻・果物

62

体温上げて、脳もウォームアップ！

クロックムッシュ風サンドのカフェごはん

総エネルギー 434kcal
総塩分 2.4g
（1人分）

簡単ミネストローネ

勝利を呼ぶ？ “ウイン” ナー入り

エネルギー 141kcal
塩分 0.8g
（1人分）

材料（2人分）

- キャベツ……100g
- 玉ねぎ……60g
- セロリ……20g
- ウインナーソーセージ……2本
- オリーブ油……小さじ2
- 塩・こしょう……各少々
- A
  - 水……200mℓ
  - トマトと野菜のジュース（食塩不使用）……160mℓ
  - 顆粒（洋風）スープの素……小さじ1

作り方

1. 野菜はすべて1.5㎝角くらいに切り、ウインナーソーセージは輪切りにする。
2. 鍋にオリーブ油を熱して①を中火でさっと炒め、Aを加えてふたをし、5分ほど煮る。
3. 塩、こしょうで味をととのえる。

（中津川）

炭水化物
食パン

たんぱく質
ハム・ソーセージ・チーズ・卵・牛乳

ビタミン&ミネラル
野菜

エネルギー
293kcal
塩分 1.6g
（1人分）

とろ〜りチーズが
食欲をそそる

クロックムッシュ風サンド

材料（2人分）

食パン（8枚切り）………………… 2枚
ロースハム…………… 2枚（20g）
スライスチーズ ………………… 1枚
卵 ………………………………… 1個
牛乳 ………………………… 100mℓ
レタス ……………………………40g
塩・こしょう ……………… 各少々
オリーブ油 ……………… 小さじ2

作り方

1. パンにハムとチーズをはさむ。
2. 卵を溶きほぐして、牛乳、塩、こしょうを混ぜ合わせ、①を浸す。途中で裏返し、5分ほどかけて両面にしみ込ませる。
3. フライパンにオリーブ油を熱し、②を入れてふたをし、弱火で片面2〜3分ずつ焼く。
4. ③を食べやすく切り、ちぎったレタスと一緒に器に盛る。（中津川）

試験当日の朝ごはんにもオススメ

定番具材の元気でるでる丼セット

63

総エネルギー554kcal
総塩分2.6g
（1人分）

卵料理を兼ねた栄養充実の一杯

半熟卵のみそ汁

エネルギー108kcal
塩分 2.0g
（1人分）

材料（2人分）

- 卵……2個
- おかひじき……40g
- 海藻ミックス（水で戻したもの）……20g
- だし汁……300㎖
- みそ……大さじ1⅓

作り方

1. おかひじきは5～6㎝長さに切る。
2. 鍋でだし汁を沸かし、卵を静かに割り入れ、好みのかたさに煮る。
3. ②に①、海藻ミックスを加え、ひと煮立ちしたら火を止め、みそを溶く。（中津川）

※おかひじきはβ-カロテンやミネラルが豊富。シャキッとした歯ざわりを生かすには、煮すぎないことです。

炭水化物
ごはん

たんぱく質
卵・納豆・しらす干し

ビタミン&ミネラル
ぬか漬け・野菜・海藻

五目納豆丼

ねばってネ！
の願いも込めて…

材料（2人分）

ごはん……400g
ぬか漬け（きゅうり、大根、にんじん）……30g
納豆……100g
しらす干し……大さじ1½
焼きのり（全形）……¼ 枚
しょうゆ……小さじ ⅓

作り方

1. ぬか漬けは 5㎜角に切り、納豆、しらす干しとざっと混ぜ、しょうゆで調味する。
2. ごはんを丼によそい、のりをちぎって散らし、①を盛りつける。

（中津川）

エネルギー 446kcal
塩分 0.6g
（1人分）

エネルギー
411kcal
塩分 0.8g
（1人分）

64

フレッシュ果実が脳のやる気をスイッチ・オン！

フルーツソースのパンケーキプレート

材料（2人分）

- いちご……150g
- オレンジ……100g
- ブルーベリー……50g
- グリーンアスパラガス……4本
- 玉ねぎ……¼個
- ブロッコリー……4房
- ベーコン……2枚
- サラダ油……適量

A［砂糖・レモン汁……各大さじ1

B
- 小麦粉（ふるっておく）……50g
- 砂糖……大さじ½
- 溶き卵……½個分
- 牛乳……80mℓ
- サラダ油……大さじ1

C
- 酢・オリーブ油……各大さじ1
- 塩・こしょう……各少々

受験生を支えた
親の体験談

コラム
column

生活面で心がけたこと

●心身のコンディションのピークを当日にもっていくことを目指しました。

（44歳母、長女の中学受験時）

●睡眠時間を多くとることを重視しました。また、食中毒予防のために、特売品は買わず新鮮な食材を購入し、食器や調理器具は必ず除菌スプレーで殺菌。試験前日は生ものを避けました。

（49歳母、次女の高校受験時）

●とにかく体を冷やさないことと、疲労に気を配ること。また、精神面での揺らぎが体調に大きく影響するので、接し方には気をつかっていたと思います。

（47歳母、長男の高校受験時）

●家族全員でうがい、手洗い、インフルエンザの予防接種で感染症予防に気を配りました。本人には温かいレモネードをよく飲ませました。

（40歳母、長女の中学受験時）

●かぜっぽいかな？ というときには、マスクをさせて首にタオルを巻いて寝かせると、翌朝にはよくなっていました。

（48歳母、長女の高校受験時）

作り方

❶ いちごはへたを取り、縦半分に切る。オレンジは皮と薄皮を除き、ひと口大に切る。

❷ ①、ブルーベリー、Aを混ぜ合わせて冷蔵庫で20分以上おく。

❸ アスパラガスは4㎝長さ、玉ねぎは5㎜幅に切り、ブロッコリーは小さく分け、合わせてさっとゆでる。

❹ Bをなめらかになるまで混ぜ合わせる。

❺ フライパンにサラダ油を薄くしいて中火で熱し、④の生地を直径10〜12㎝に流してパンケーキを4枚焼く。

❻ ベーコンは長さを半分に切り、フライパンで焼く。

❼ 器にCであえた③の野菜、⑤のパンケーキ、焼きベーコンを盛り合わせ、②のフルーツソースを添える。

（検見﨑）

Part 5

モチベーションを上げる
夜食・塾弁・おやつレシピ

間食を上手に使って、スムーズにエネルギー補給を

受験期は「ただいま～」と学校から帰ってきたら、すぐさま塾に直行！という子どもも多いでしょう。食事が不規則になりがちですが、空腹では脳の働きが鈍り、勉強しても効果はあまり上がりません。塾に行く前に時間はあるか、塾で授業の合間に食事がとれるか、帰宅は何時ごろかなど、状況に応じて食事のタイミングやボリュームを振り分け、おなかがすきすぎないようにしてあげましょう。

たとえば、塾前に時間があり帰宅が遅くなるなら、先に夕食を食べさせます。時間がないときは、軽めのおやつをとって帰宅後に夕食や夜食を。可能なら弁当（塾弁）を持たせましょう。

ただし、塾後の夕食には気を付けてください。塾弁を食べ、夕食もしっかりとるのは少し食べすぎです。満腹状態も勉強効果を上げませんし、肥満による健康障害を招きかねません。ボリュームやエネルギー量を控えた夕食または夜食を用意してあげましょう。

また、心がけたいのが〝一人で食べさせない〟こと。

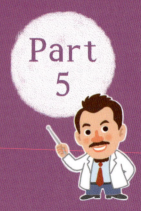

塾前のおやつタイムには、子どものおしゃべりや愚痴に耳を傾けてあげましょう。いつもそばで見守ることが、子どもにとって何よりのエネルギーになるのです。

夜食・塾弁・おやつのポイントは がんばりを引き出す栄養を入れること

夜食

消化がよくて胃腸に優しい、うどん、雑炊、具だくさんスープなどが夜食の基本です。量は控えめにして、野菜中心にし、なるべく温かいものを作りましょう。そして手間なくパパッと作れるもの！　夕食の残りや缶詰を利用するのもおすすめです。

塾弁

脳のスイッチが入るように、ごはんやパンなど炭水化物を中心にしたメニューがおすすめです。そして手早く、片手でもササッと食べられるもの。本書で紹介している肉巻きおにぎりやおにぎらずのように、見た目のサプライズを盛り込むのもポイントです。また、お弁当の場合は食中毒に要注意です。調理の際は中心までよく火を通し、よく冷ましてから詰めるようにしましょう。

おやつ

勉強前や合間に食べるおやつには、小腹を満たすとともに気分転換の役割もあります。本書で紹介している野菜が主役のおやつなら、ビタミンやミネラルが補給できて体調管理にも役立ちます。

夜食

野菜たっぷりで胃腸に優しい
ゆず入り野菜ぞうすい

65

エネルギー 222kcal
塩分 1.7g
（1人分）

材料（2人分）

ごはん……200g
大根……50g
にんじん……20g
生しいたけ……2枚
ゆずの皮……½個分
万能ねぎ……5本
だし汁……350mℓ
卵……1個
A［塩……小さじ½
　しょうゆ……小さじ¼

作り方

❶ 大根、にんじんは皮をむき、いちょう切りにする。しいたけは石づきを取り、4～6等分に切る。
❷ ゆずの皮は表面の黄色い部分だけをせん切りにする。万能ねぎは小口切りにする。
❸ 鍋にだし汁と①を入れ、ふたをして3～4分煮る。
❹ ③にごはんを加えて2分ほど煮て、Aで味をととのえる。
❺ ④に溶き卵を流し入れて②の半量を加え、卵に火を通し、残りの②を散らす。

（満留）

おやつ

66

カリッカリ食感に大ハマリ
ごぼうとれんこんの根菜チップス

材料（2人分）

ごぼう……… 1本（150g）
れんこん…細½節（75g）
青のり……………小さじ½
塩……………………少々
粉砂糖…………大さじ3
水…………………小さじ½
揚げ油………………適量

作り方

❶ ごぼうは包丁の背で皮をこそげてスライサーで斜めに薄切りに、れんこんは皮をむいてスライサーで輪切りにする。酢水（材料外）にさらしてアクを抜き、水けをよくふく。

❷ 170度に熱した揚げ油で①をカリッと揚げる。

❸ ②の半量を袋に入れ、青のりと塩を加え、袋ごと振ってまぶす（写真上）。

❹ 残りの半量には、粉砂糖に水を少しずつ加えてとろりとさせたものをかける（写真下）。（牛尾）

※お好みで青のり塩味にカレー粉を少々プラスするのもおすすめ。砂糖がけにはシナモンパウダーも合います。

エネルギー 263kcal
塩分 0.6g
（1人分）

夜食

67

エスニックな香りで脳もリフレッシュ?!

ほたてのエスニックにゅうめん

エネルギー 392kcal
塩分 3.5g
（1人分）

材料（2人分）

ほたて缶 …………… 大1缶
そうめん（乾）………… 200g
チンゲン菜 …………… 1株
ミニトマト …………… 4個
水 ………………… 600ml
ナンプラー ………… 大さじ1
香菜（パクチー）・黒こしょう
……………… 適量

作り方

❶ チンゲン菜は食べやすく切り、ミニトマトはへたを取って半分に切る。

❷ 鍋に水、ナンプラー、ほたて缶を汁ごと入れ、チンゲン菜の茎を加えて火にかける。煮立ったら、チンゲン菜の葉、ミニトマトを加えて火を止める。

❸ たっぷりの湯でそうめんをゆで、水けをきって温かいうちに器に盛り、②をかける。香菜をのせ、黒こしょうをふる。（柴田）

材料（直径約6cmのマフィン型各3個分）

ほうれん草……¼束(50g)
にんじん……¼本(50g)
プロセスチーズ……20g
卵……2個
砂糖……50g
オリーブ油……大さじ3⅓
牛乳……100mℓ
A 小麦粉……160g
A ベーキングパウダー……小さじ1

作り方

1. ほうれん草は塩少々(材料外)を加えた熱湯でゆで、水けをしぼって細かく刻む。
2. にんじんは皮をむいてすりおろす。チーズは5㎜角に切る。
3. ボウルに卵を割り入れて砂糖を加え、ハンドミキサーで少しもったりするまで混ぜ合わせる。オリーブ油、牛乳を加えてさらに混ぜ合わせる。
4. Aをふるいながら③に加え、さっくり混ぜ合わせる。半量に分けてそれぞれに①、②を加えてさっくり混ぜ合わせる。
5. マフィン型に流し入れ、180度のオーブンで20分ほど焼く。

（牛尾）

おやつ

68

ベジスイーツで栄養補給！ほうれん草とにんじんのマフィン

ほうれん草マフィン
エネルギー 231kcaℓ
塩分 0.1g
（1個分）

にんじんマフィン
エネルギー 236kcaℓ
塩分 0.3g
（1個分）

69

夜食

小腹もやる気も満たされる
野菜たっぷりスープパスタ

エネルギー 154kcal
塩分 1.9g
（1人分）

材料（2人分）

キャベツ……1枚
セロリ……8cm
パプリカ……½個
トマト……1個
ショートパスタ……60g
顆粒（洋風）スープの素……小さじ2
水……400mℓ
塩・こしょう……各少々

作り方

❶ キャベツ、セロリ、パプリカ、トマトは約1.5cmの角切りにする。
❷ 鍋に水とスープの素を入れて火にかけ、ショートパスタ、①を入れてふたをする。
❸ ショートパスタの袋に表示されたゆで時間分加熱して、パスタに火が通ったら塩、こしょうで味をととのえる。

（関口）

おやつ

70

爽やかな甘さがクセになる さつまいものブリュレ

材料（約150mℓ容量の器3個分）

さつまいも…½本（100g）
グラニュー糖……大さじ1
A［卵黄……2個
　グラニュー糖……30g
B［生クリーム・牛乳……各100mℓ

作り方

1. さつまいもは皮をむいてひと口大に切り、耐熱皿にのせてラップをかけ、電子レンジに約4分かける。
2. 熱いうちにつぶし（裏ごしするとより滑らかになる）、粗熱をとる。
3. ②にAを加えて泡立て器で混ぜ、Bを少しずつ加えながら混ぜ合わせ、耐熱の器に入れる。
4. オーブンの天板にふきんを敷いて③を並べ、水を深さ1cmほど注ぐ。170度に熱したオーブンで30分ほど焼く。
5. グラニュー糖をふり、直火であぶったスプーンの背を当てて表面を焦がす。（牛尾）

エネルギー 295kcal
塩分 0.2g

（1個分）

夜食

味付け不要！短時間でできるやきとり缶レシピ

71 鶏ときのこのミニピザ

エネルギー 260kcal
塩分 1.3g
（1人分）

材料（2人分）

やきとり缶（たれ）…………2缶
生しいたけ・エリンギ・えのきたけ…………合わせて160g
ピザ用チーズ…………40g
ぎょうざの皮…………8枚
刻みのり・七味とうがらし…………各適量

※やきとりの周囲についた汁を竹串などでよく落としてからのせると、ぎょうざの皮がパリッと仕上がります。

作り方

❶ しいたけは石づきを取って薄切り、エリンギも食べやすい長さの薄切りにし、えのきたけは石づきを取り半分の長さに切ってほぐす。

❷ ぎょうざの皮をオーブンシートに重ならないように並べ、①のきのこ、やきとり、チーズの順に ¼ 量ずつのせる。

❸ オーブントースター（200度）で5～10分焼き、チーズがほどよく溶けたら器に盛り、刻みのりと七味とうがらしを散らす。（柴田）

おやつ

72

疲れた脳にはやっぱり甘いもの

みたらし大根もち

材料（作りやすい分量・8個分）

大根…………約2.5㎝（120g）
砂糖……………………大さじ2
白玉粉……………………120g
バター…………………小さじ4
水…………………………適量
A［砂糖・しょうゆ・みりん ……………… 各大さじ2

作り方

❶ 大根は皮をむき、せん切りにする。
❷ フライパンにバター小さじ2を熱して①を炒め、しんなりしたら砂糖を加えて炒め、火を止めて粗熱をとる。
❸ ボウルに白玉粉を入れて②を加え、水（大さじ2〜）を少しずつ加えながら、耳たぶくらいのかたさになるよう練り合わせ、8等分にして小判形にする。
❹ フライパンに残りのバターを熱し、③を並べて両面を焼く。水200㎖を注いでふたをし、中火で3分ほど蒸し焼きにする。
❺ ふたを開けて水分を飛ばし、混ぜ合わせたAを加えて煮からめる。（牛尾）

エネルギー 110kcal
塩分 1.4g
（1個分）

塾弁

塾前にパパッと食べて パワーを充電

73

梅じそ肉巻きおにぎり

エネルギー 328kcal
塩分 1.4g
（1人分）

材料（2人分）

豚もも薄切り肉 ････ 4枚（70g）
胚芽米のごはん ･･････････ 250g
青じそ ･･････････････････････ 5枚
梅干し ･･････････････････････ 1個
白いりごま ･･････････････ 大さじ ½
小麦粉 ･･･････････････････････ 適量
サンチュ ･･････････････････ 4枚
サラダ油 ････････････････ 大さじ ½
A しょうゆ・みりん ･･･････････ 各大さじ ½
A 砂糖 ･････････････････ 小さじ ¼

作り方

❶ 青じそは粗みじんに切り、梅干しは種を除いて包丁でたたく。
❷ ごはんに①、ごまを混ぜ込み、４等分して俵形のおにぎりを作る。
❸ 豚肉を広げて②をのせ、おにぎりが見えなくなるように巻きつける。
❹ フライパンにサラダ油を熱し、③に薄く小麦粉をまぶして入れ、転がしながら焼く。全体に焼き色がついたら、混ぜ合わせた A を加えてからめる。
❺ 器に盛ってサンチュを添え、包んでいただく。

（満留）

おやつ

74

カリフラワーのチーズスフレ

焼きたてフワフワも、冷やしてしっとりも美味！

材料（約120mℓ容量の器5個分）

- カリフラワー……約⅛株（80g）
- クリームチーズ……120g
- 卵白……1個分
- 砂糖……大さじ1
- 小麦粉……大さじ1⅔
- A
  - 生クリーム……120mℓ
  - 卵黄……1個
  - 砂糖……大さじ2
  - レモン汁……小さじ1

作り方

1. カリフラワーは小房に分け、やわらかくゆでて湯をきる。
2. クリームチーズは室温に戻すか、電子レンジに30秒ほどかけてやわらかくする。
3. 卵白は砂糖を加えて角が立つまで泡立てる。
4. ミキサーまたはフードプロセッサーに、①、②、Aを入れて混ぜ合わせ、ボウルに移す。
5. ④に小麦粉を茶こしでふるって加え、ゴムベラでさっくり混ぜる。③の卵白を3回に分けて加えながらさっくり混ぜ、耐熱の器に流し入れる。
6. 天板にふきんを敷いて⑤を並べ、深さ1cmほど水を注ぎ、160度のオーブンで30分ほど蒸し焼きにする。

（牛尾）

エネルギー 228kcal
塩分 0.3g
（1個分）

塾弁

おかずも一緒に食べられ栄養バランス◎

75

絶品おにぎらず

エネルギー 469kcal
塩分 1.2g

（1人分）

※写真は２人分です。

材料（2人分）

- ごはん……………400g
- 焼きのり（全形）……2枚
- さけフレーク………40g
- さやいんげん………2本
- 卵…………………1個
- ロースハム…………2枚
- 塩…………………少々
- グリーンカール……1枚
- サラダ油………小さじ1

▲ごはん、具、ごはんの順に重ね、四方からのりで包む。

作り方

❶ フライパンにサラダ油を熱して目玉焼きを焼き、裏返して完全に火を通す。

❷ いんげんは下ゆでし、へたを切って長さを2等分する。

❸ ラップを広げてのりを1枚置き、中央に塩をふる。温かいごはんの ¼ 量を、のりの対角線上に四角く広げ、さけフレークの ½ 量をのせて②を並べ（左写真）、残りのさけフレーク、ごはんの ¼ 量の順にのせ、塩をふる。四方からのりで包み、さらにラップでしっかり包み、閉じ目を下にしてしばらくおく。

❹ ③と同様に、ごはん、ハム、①、ハム、ごはんの順に包む。

❺ ぬれぶきんでふいた包丁で、③と④を具が見えるように半分に切り、容器にグリーンカールを敷いて詰める。

（中津川）

材料（作りやすい分量・6人分）

トマト……………………2個（300g）
フルーツトマト…………½個（30g）
キウイフルーツ……………………½個
オレンジジュース（果汁100%）
……………………………………50mℓ

A
- 水……………………………100mℓ
- 砂糖…………………………大さじ5
- 寒天パウダー…………小さじ2

作り方

1. トマトはすりおろす。
2. フルーツトマトは薄切り、キウイフルーツは皮をむいて薄切りにする。
3. 鍋に①とAを入れて火にかけ、煮立ったら弱火にし、寒天が溶けるまでかき混ぜながら2分ほど煮て、火を止めオレンジジュースを混ぜる。
4. バットまたは流し缶に②を並べて③を流し、粗熱がとれたら冷蔵庫で2時間以上冷やし固める。（牛尾）

おやつ

見た目も楽しい ひんやりスイーツ

トマト&オレンジ寒天

76

エネルギー 51kcal
塩分 0g

（1人分）

77

塾弁

授業の合間に楽しくつまめる
ロールパンサンド弁当

ポリ袋に入れてもむだけの簡単さ

◆にんじんとセロリのマリネ

材料（2人分）

にんじん……2/3本（100g）
セロリ……30g
塩……少々
A ┌レモン汁……小さじ2
　│オリーブ油……小さじ1
　└こしょう……少々

作り方

❶ にんじんは皮つきのままスライサーでせん切りにし、セロリは薄切りにする。
❷ ①をポリ袋に入れて塩少々をふって軽くもみ、しんなりしたらAを加える。

（中津川）

デザート感覚でいただける

◆焼きいものヨーグルトサラダ

材料（2人分）

焼きいも（市販）……100g
プレーンヨーグルト……60g
レーズン……10g
サラダ菜……小2枚

作り方

❶ 焼きいもの皮をむき、ラップを広げた上でフォークでつぶす。
❷ ①にヨーグルト、レーズンを加えてラップで包み、もんで混ぜる。ラップをしぼって半量ずつ丸め、サラダ菜を敷いた弁当箱に詰める。（中津川）

※生のさつまいもを電子レンジにかけて作る場合は、はちみつ小さじ1～2を加えます。かぼちゃで作るのもおすすめです。

食べやすくてボリューム満点
◆揚げないジューシー鶏サンド

材料（2人分）

ロールパン……………………………4個
鶏もも肉…………………………160g
片栗粉……………………………大さじ2
カレー粉……………………………少々
トマト（半月切り）……………………4枚
サラダ菜…………………………小2枚
きゅうり（薄切り）……………………4枚
A しょうゆ………………………小さじ2
A みりん……………………………小さじ1⅓
A おろししょうが・おろしにんにく…… 各小さじ1

作り方

❶ 鶏肉をひと口大の8つに切ってポリ袋に入れ、Aを加え冷蔵庫で一晩漬ける。
❷ ①の4つに片栗粉½量をまぶし、残りは片栗粉にカレー粉を混ぜてまぶす。アルミホイルにのせ、予熱したオーブントースターに入れて焼く（900Wなら10分）。
❸ ロールパンに切り込みを入れ、カレー風味はトマトとサラダ菜、残りはきゅうりと一緒に②をサンドする。（中津川）

揚げないジューシー鶏サンド
エネルギー 408kcal
塩分 1.8g
（1人分）

Part 6

やっぱり最強のサポーター
家族で囲むごちそうレシピ

家族とワイワイ食べる楽しい食事がいちばんの気分転換になる

受験生にはもちろんのこと、支える家族にとっても合格への道のりは長く険しいものです。だからこそ、家族で楽しい時間をふやすことが、互いの大きな力になります。夕食タイムはその絶好のひととき。塾通いなどで食事の時間が合わず毎日は難しいでしょうが、家族が揃った日は、試験の点数も受験のことも忘れ、ついでに親もたまったストレスを忘れ……、みんなでワイワイおしゃべりしながらごはんをいただくのです。もちろん小言もお説教もなし！

メニューは、子どもの好物を並べた料理や、ちょっとぜいたくな食材で気合を入れた料理、囲んで食べる鍋や鉄板焼き料理などいかがでしょう。天気がいい日は庭で食べたり、テーブルを飾ってみたり、いつもと違う雰囲気を作るのもよいでしょう。

目を合わせて笑顔や会話をかわすと、前頭葉が活性化する

実は、親しい人と目と目を合わせて笑顔や会話をか

わすと、脳内の神経伝達物質、ドーパミン（快感系）やセロトニン、オキシトシン（癒やし系）が分泌され、思考を司る前頭葉を働きやすくしてくれます。笑うことにも前頭葉を活性化させる効果がありますから、ゲン担ぎのダジャレ料理も大歓迎。苦笑いでもよいので、大いに盛り上がりましょう。

また、ときには家族揃って外食するのもおすすめです。子どもにとっては気分転換になりますし、親にとっても手抜き、息抜きは必要です。長期戦ですから、あまりがんばりすぎないことも大事です。

食事を一緒にとる…、そんな何げないひとときの中で〝家族は最強のサポーター〟ということが伝わればしめたもの。子どもも親もやる気が出てきます。

78

白星輝く！
魚介のスープと脳力UPサラダ

受験が近づいた冬の寒い日は、
愛情入り！のポカポカ魚介スープと温野菜で、心も体も温めてあげましょう。
スープの中には“白星”を模した揚げもちをちりばめ、
サラダには脳の機能を高めるDHA 豊富な青魚をプラス。
試験に勝つぞ～！のエールをおくります。

エネルギー 129kcal
塩分 1.2g
（1人分）

エネルギー 346kcal
塩分 1.7g
（1人分）

たらのブイヤベース風スープ

材料（2人分）

生たら……………………1切れ
えび（ブラックタイガーなど）
……………………4尾
はまぐり…………………4個
玉ねぎ…………¼個（50g）
セロリ…………½本（50g）
じゃがいも……小½個（60g）
にんじん………⅐本（30g）
ブロッコリー……½株（80g）
にんにく………………1かけ
切りもち…………………1個
白ワイン…………大さじ3
揚げ油……………………適量
オリーブ油………小さじ2
A［トマトピューレ……100mℓ
水…………………300mℓ
ローリエ………………1枚
B［塩………………小さじ⅓
こしょう……………少々

作り方

❶ たらは4等分に切り、えびは殻つきのまま背わたを取る。はまぐりは塩水（材料外）に浸して砂出しし、よく洗う。
❷ 玉ねぎ、セロリ、じゃがいもは2㎝角に切る。にんじんは皮をむいていちょう切りにし、ブロッコリーは小房に分ける。にんにくはみじん切りにする。
❸ もちは1㎝角に切り、低温（150〜160度）の油で揚げる。
❹ 鍋にオリーブ油を熱してにんにくを入れ、香りがたったら、たら、えびを加えて強火で焼きつける。たらは表面が焼けたらいったん取り出す（くずれやすいため）。
❺ ④に玉ねぎ、セロリ、にんじん、じゃがいも、はまぐりの順に加えて炒め、白ワインをふる。アルコール分が飛んだらAを加え、ふたをして5分ほど煮る。
❻ たらを戻し、ブロッコリーを加えて2分ほど煮て、Bで調味して③の揚げもちを散らす。（牛尾）

キャベツとオイルサーディンのサラダ

材料（2人分）

キャベツ………5枚（200g）
パプリカ（赤）……⅓個（40g）
レモン………………………¼個
オイルサーディン缶……50g
塩……………………小さじ⅓
こしょう…………………少々

作り方

❶ キャベツはざく切りにし、パプリカは横半分に切ってから細切りにする。
❷ 塩少々（分量外）を加えた熱湯で①をさっとゆで、湯をきってボウルに入れる。
❸ レモンはいちょう切りに、オイルサーディンは2〜3つにぶつ切りにする。
❹ ②に③、缶詰の油小さじ1、塩、こしょうを加えてあえる。（牛尾）

ストレス解消！カラフル豪快 BBQ《バーベキュー》

ときには気分を変えて、庭やベランダでバーベキューなんていかがでしょう。
心地よい風と家族の笑顔に包まれながら、肉や魚にかぶりつけば……、
煮詰まった頭もきっとリフレッシュ！するはず。
豚肉やかじきには疲労回復効果もあります！

79

エネルギー 161kcal
塩分 0.6g
（1人分）

エネルギー 341kcal
塩分 0.9g
（1人分）

スペアリブ&かじきの串焼き

材料（作りやすい分量・4人分）

◆スペアリブ

- 豚スペアリブ（約8㎝）……8本
- 塩・こしょう……各少々
- クレソン……30g
- A
  - トマトケチャップ……大さじ3
  - ウスターソース……大さじ1
  - 赤ワイン……大さじ1
  - 玉ねぎ（すりおろし）……大さじ3
  - キウイフルーツ（すりおろし）……½個分
  - にんにく（すりおろし）……小さじ1

◆かじきと野菜の串焼き

- かじきまぐろ……大2切れ
- パセリ・タイム……各1枝分
- 塩……小さじ¼
- 粗びき黒こしょう……少々
- なす……1個
- かぼちゃ……120g
- ゴーヤ……¼本
- パプリカ（赤）……½個
- ズッキーニ……小1本
- B
  - 白ワイン……大さじ1
  - オリーブ油……小さじ1
- C
  - 玉ねぎ（すりおろし）……大さじ1
  - 酢・レモン汁・オリーブ油……各大さじ1
  - しょうゆ・マスタード……各小さじ1
  - 塩・こしょう……各少々

作り方

❶ スペアリブは塩、こしょうをふる。ポリ袋にAを入れて混ぜ、スペアリブを加えてよくもみ、一晩冷蔵庫でマリネする。

❷ かじきまぐろは半分に切ってポリ袋に入れ、塩、こしょうをふり、Bを加える。パセリとタイムは太い茎を除いてポリ袋に加え、一晩冷蔵庫でマリネする。

❸ Cを混ぜ合わせてドレッシングを作り、保存容器に入れる。

❹ なすはへたを切り落として2㎝厚さの輪切りにし、かぼちゃは種とわたを除いてくし形に切る。ゴーヤは縦半分に切って種とわたを除き、ひと口大に切る。パプリカは縦横半分に、ズッキーニは2㎝厚さの斜め輪切りにする。

❺ ④の野菜をかじきまぐろと一緒に串に刺す。

❻ グリルにスペアリブをのせ、ときどき返しながら15～20分かけて火を通す。肉がほぼ焼けたら、⑤をのせて両面を焼く。器に盛り、スペアリブにクレソンを添え、野菜にドレッシングをかける。（髙城）

※①～③は前日に準備できるので、当日は野菜を切って焼くだけでOK。ママもラクラクです。

エネルギー
395kcal
塩分 3.6g
（1人分）

海鮮ごまみそ鍋

材料（2人分）

生ざけ……1切れ
塩……少々
かに（ボイルしたもの。殻つき、ぶつ切り）……200g
えび（殻つき有頭）……4尾
長ねぎ……1本
白菜……2枚
絹ごし豆腐……½丁
まいたけ……1パック
せり……½束
みそ……大さじ2
白練りごま……大さじ2
A［だし汁……600mℓ
　 酒……大さじ1
　 みりん……大さじ1］

作り方

1. さけは4等分のそぎ切りにし、両面に塩をふり、5分ほどおいて、水けをよくふきとる。かにはキッチンバサミで殻ごと食べやすい大きさに切る。えびは背わたをとる。長ねぎは5㎝長さに切り、表面に数カ所、包丁で浅く切り込みを入れる。白菜はひと口大のそぎ切りにする。豆腐は6等分に切る。まいたけは小房に分ける。せりは長さ4～5㎝のざく切りにする。
2. 鍋にAを入れて中火で熱し、沸騰したら、さけ、かに、えび、長ねぎ、白菜を加え、アクをとりながら4～5分煮る。
3. 煮汁少々でみそと白練りごまを溶きのばして煮汁に加え、豆腐、まいたけ、せりを加えて、ひと煮立ちさせる。

（村田）

笑顔になれる紅白海鮮鍋

80

勉強疲れが出てきたときには、
さけ、かに、えびを使った
ちょっと豪華な海鮮鍋料理で気分転換してみましょう。
真っ赤な具材は見ているだけでも元気になれます。
しばし受験のことは忘れ……、
家族でワイワイ盛り上がりましょう。

コラム
column

受験生を支えた
親の体験談

普段の食事や、試験直前の食事で気を配ったこと

● 夕食は塾で食べることが多かったため、冬場はとくに具だくさんのスープなど、温かく栄養バランスのよいものをお弁当に持たせました。試験前日は、肉の脂身の苦手な娘のためにヒレカツを作りました。

（40歳母、長女の中学受験時）

● 働いていたので、子どもがいつでも栄養バランスよく食べられるよう、具だくさんのみそ汁やスープ、野菜の多い煮込み料理やサラダなどを常に作り置きしていました。

（43歳母、長男の高校受験時）

● 息子の好きな魚メニューを多めにし、野菜は地元の新鮮なものをたっぷりと。添加物を避け、体が温まるよう消化のよいものをとらせました。試験前夜や当日などは、こちらが変に気合を入れるとかえって緊張するかなと思い、いつもどおりの食事を出しました。

（47歳母、長男の高校受験時）

●「消化のよい食事」「栄養価の高い食事」を意識して献立を考えました。男の子で食欲旺盛なので、肉料理などボリュームのある物を多く作っていましたね。

（42歳母、長男の高校受験時）

● 極端に偏食なわが娘。疲れがたまっているとさらに食欲が落ちるので、そういうときは栄養バランスは気にせず、娘の好きな物を食卓に出すようにしました。また、当日は緊張で食事がのどを通らないというので、小さく握った塩おにぎりを作り、なんとか食べてもらいました。

（49歳母、次女の高校受験時）

● 栄養のバランスを考えつつ、本人の好きな肉料理を必ず１品は出すようにしていました。試験前日は、ゲン担ぎでもちろん「カツ」！

（51歳父、長男の高校受験時）

第2章

脳科学者が教える！
わが子の脳を
勉強にハマらせる必勝法

ハマるメカニズムのほか、
実践編として、今日から始められる
「成績がアップする８つの習慣」も紹介します。
勉強がおもしろくなる、脳にイイ話！
お子さんにもそっと教えてあげましょう。

「勉強しなさい」と言わずに「勉強がんばってるね」とほめると、子どもの脳は勉強にハマっていく!?

「モンスター捜しと同じくらい、算数の問題にも熱心に取り組んでくれたらいいのに……」

世界中で大ブームとなったスマートフォン・ゲームに興じる子どもたちのニュースを見て、そう思った親も多いのではないでしょうか。

ゲームに限らず、インターネットやSNS（ソーシャル・ネットワーキング・サービス）、アイドル、恋愛、パチンコなど、人はいろいろなものにハマります。何かにハマっているときの脳活動を調べてみると、大人も子どももだいたい共通しています。そして、〝ハマる脳のメカニズム〟も脳科学的に解明されています。つまり、そのメカニズムを利用すれば、「子どもの脳を勉強にハマらせること」も不可能ではないわけです。

〝ハマる脳のメカニズム〟をひもとき、〝ハマらせる方法〟を紹介しましょう。

ハマるメカニズムの主役は〝線条体《せんじょうたい》〟

人が何かにハマっているとき、脳では「行動」と「快感」が知らず知らずのうちに結び付いています。

人の「行動」は、前頭葉の運動野、脳の奥にある大脳《だいのう》基底核《きていかく》、小脳の連動によって実現しています。そのうち、行動の開始や維持に強くかかわっているのが、大脳基底核の一部〝線条体〟です。そして、この線条体の腹側（下側）には、「快感」を生む中心、側坐核《そくざかく》があります。

つまり、線条体は「行動」と「快感」を結び付けるのに都合のよい脳部位というわけです。実際、ゲームにハマって夢中になっているときや、好きなアイドルのコンサートを楽しんでいるときはもちろん、仕事でも勉強でも、「やる気」になっているときには、この線条体が発火＝活性化しています。

ちなみに、側坐核には「報酬系」「快感系」などと呼ばれるドーパミン神経系（A10神経）がアクセスしています。線条体が刺激を受けてドーパミン神経系が働くと、いい気持ちになってやる気が出るだけでなく、やりたくないという気持ちやイヤな気分も消え去っていくことがわかっています。

<脳の構造とハマりのメカニズム>

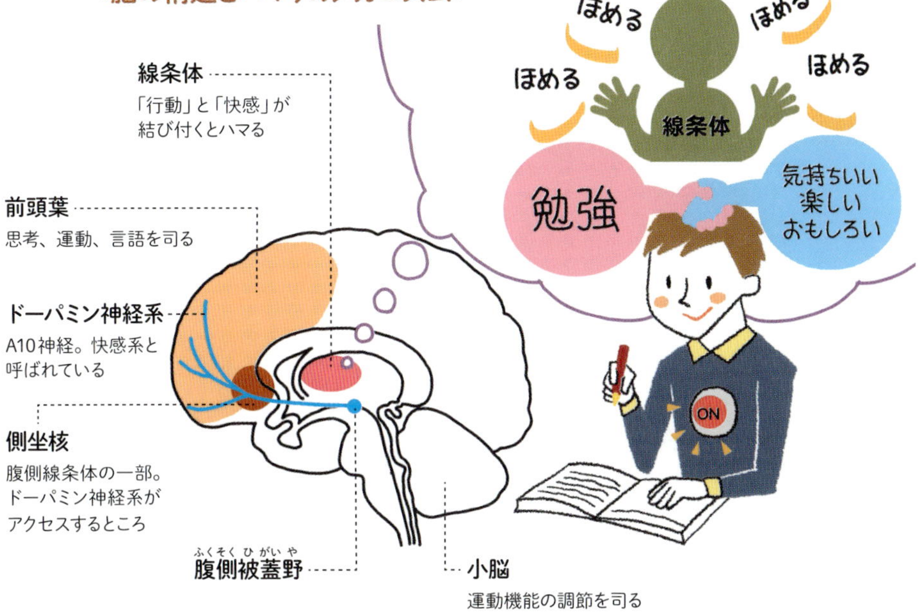

ほめられると"線条体"が予測的に活性化する

さて、線条体の重要な特徴は、「行動」と「快感」が結び付くと、予測的に活性化するようになることです。ゲームをすると楽しい、モンスターをゲットすると快感、SNSで「いいね」されるとうれしい…、が繰り返されると、「ゲームをしようかな」「SNSをしようかな」と思っただけで、あるいはゲーム機やスマホなど関連刺激を見ただけで、線条体が活性化するようになるのです。

ですから勉強の場合も、勉強という行動で、「解けた」「できた」「わかった」などの快感や達成感が繰り返し得られれば、ゲームと同じように勉強にハマることができるわけです。やがては、「勉強しようかな」と思っただけで線条体が発火し、やる気が出てくるようになるのです。しかし、なかなかそれは難しい…のが現実です。

そこで大切なのが、家族がうまく「ほめる」ことです。人はほめられるとドーパミン神経系が多かれ少なかれ活性化するので、勉強そのものでは得られにくい快感を家族の「ほめ」で補うわけです。ぜひ「勉強したらほめる」を繰り返してください。そして、子どもにも問題が解けたときなど、自分自身をほめることを教えてあげましょう。そうして、「勉強という行動」に「快感」を結び付ける習慣を身に付けさせるのです。

　おもしろいことに、何かを覚えたあと「ほめられた」だけで、翌日、そのことがより上手にできるようになったという報告もあります。ほめることは、気持ちややる気だけでなく、能力も高めてくれるのです。

「賢さ」より「努力」をほめるのがポイント

　ほめ方にもコツがあります。スタンフォード大学の心理学者キャロル・ドゥエックらが小学5年生400人を対象にした「ほめ方」の実験（1998年）によると、「わぁ、90点だ。あなたは頭がいいんだね」と賢さをほめた子どものグループより、「すごい、90点だ。一生懸命やったんだね」と努力をほめた子どものグループのほうが、その後に行ったテストの成績などがよかったそうです。

　前者は「賢い」という評価を守るために、間違いを恐れるようになり、後者はさらに認められようと難問にチャレンジしたり、熱心に取り組んだといいます。

　ほめるときは、「図書館通いがんばったね」「あきらめずにやったのがよかったね」などと努力した行動をほめるよう心がけてください。「あなたはもともと賢いんだよ」「やればできるはず」「さすがに頭がいいね」など能力や素質だけをほめ続けると、子どもたちの向上心や努力を奪ってしまう可能性があります。

子どもの脳にあったほめ方をマスター

　ほめる行為は確かにドーパミン神経系を活動させますが、子どものタイプや年齢によって、適したほめ方や程度は当然違います。やたらほめちぎるのは小学生には有効ですが、中学生ともなるとうっとうしがられ、反発されることもあるでしょう。

　何がわが子の線条体を発火させるのか、を知るためにも、まずは子どもの脳の傾向を知ることです。子どもの行動を思い浮かべながら、左ページのテストをしてみてください。ほめ方のベクトルや適した勉強法を見つけるヒントにもなります。

◆子どもの脳の傾向を知るテスト◆

次の16項目について、お子さんに

ア	よく当てはまる	**イ**	まあ当てはまる
ウ	あまり当てはまらない	**エ**	全く当てはまらない

のどれか1つを選んでください。ご自身もやってみましょう。

① 新しいこと、めずらしいことが大好き	（	→	点）
②「チャレンジだね」と言われるとがんばる	（	→	点）
③ 気が短い	（	→	点）
④ ルールを忘れてしまいがち	（	→	点）
⑤「堅実だ」「間違いない」と言われるとうれしい	（	→	点）
⑥ 慣れてくると驚くほど実力を発揮する	（	→	点）
⑦ 人見知りが強い	（	→	点）
⑧ 先々のことを考えるのが得意	（	→	点）
⑨ ほめられると伸びるタイプだ	（	→	点）
⑩ 涙もろい	（	→	点）
⑪ 何かをするとき、人に決めてもらいたがる	（	→	点）
⑫ 友だちや家族といるのが好き	（	→	点）
⑬「完璧」という言葉が好き	（	→	点）
⑭ 何かを始めると、納得するか、疲れ果てるまでやめない	（	→	点）
⑮「努力」という言葉が好き	（	→	点）
⑯ 人のことを気にしない	（	→	点）

アを5点、イを3点、ウ・エを0点とし、①～④の合計（＝ A ）、⑤～⑧の合計（＝ B ）、⑨～⑫の合計（＝ C ）、⑬～⑯の合計（＝ D ）を算出します。各合計点によって、脳の傾向がわかります。詳細は118ページ。

◆脳の傾向別アドバイス◆

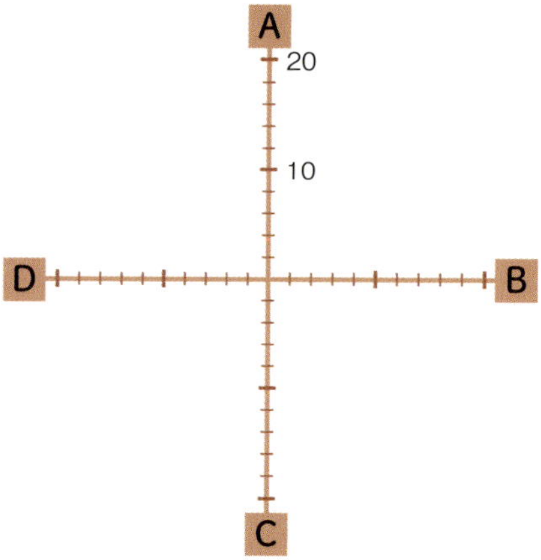

117ページの合計点を左のレーダーチャートに当てはめてください。

高得点、あるいは9点を越えるようなら、お子さんの脳はその傾向が強いと判断できます。人によってどこをほめられると、ドーパミン神経系が活動しやすいのかが違いますから、脳の強い傾向を意識してほめると効果的です。

A 熱しやすくて冷めやすい「新しもの好き」傾向

チャレンジ精神旺盛ながら、飽きっぽいところがあります。勉強にハマった場合も最初はやる気満々ですが、長続きはしません。したがって、宿題でもテスト勉強でも一気にやらせるのが向いています。新しいものが好きなので、同じ問題集を繰り返し解くより、問題集や教科を変えながらどんどん学ばせるほうが長続きしそう。チャレンジしたことをほめてあげると、ドーパミン神経系が働きやすくなります。

B リスクがきらい「堅実好き」傾向

安定を好んでリスクを嫌い、堅実な考え方をする心配性。母親の母性に多い感性で、危険を避けたことで安心します。「今勉強しておかないと将来困るわよ」といったアドバイスが素直に聞けるタイプ。慣れた環境では実力を発揮しますが、新規開拓は苦手。現状維持が基本で習慣的なことを好むので、1冊の問題集にじっくり取り組むのが合っています。進学先も、オープンな校風より、堅実な校風の学校が向いています。

C 認められたがり屋の「ほめられ好き」傾向

周りから認められているという実感がないとたちまち不安になり、拒絶されると一気に自信をなくしてしまいます。逆に認めてくれる人の前では実力を発揮します。認められることが好きなので、「すごい、がんばったね」「よくやったね」といったほめ言葉がよく効きます。好きなキャラクターのぬいぐるみなどをそばに置いて、見守られている状態にすると、安心し、集中します。

D つきつめたがる「完璧好き」傾向

完全をめざす完璧主義者で、やり遂げないと気がすみません。目の前のタスクを一つひとつ確実に処理することを好むので、勉強も優先順位をつけてやらせると、順番にクリアすることを目標に一生懸命取り組みます。その際、できた分を書き出させたり、「今日はここまでやれたね、すごい」とほめるなど、本人に、確実にこなしている実感を持たせることがポイントです。

実践編 今日から実行！ 成績がアップする8つの習慣

お子さんの脳を活動させるポイントは見つかりましたか？ せっかく出てきたやる気を少しでも維持できるよう、脳科学的におすすめの習慣を紹介します。

イヤイヤでもいい、とりあえず始めさせる

ほめていても、なかなかお子さんの線条体が働かないこともあるでしょう。もう待てない！というお父さん、お母さん、よい方法があります。それは「とりあえず机に座る。とっとと勉強を始める」です。これが線条体を発火させる効率的な方法だったりします。線条体の構造として、「行動を始めさえすれば、その行動を維持する」という特徴があります。走り出せば走り続ける、食べ始めれば食べ続ける、という具合です。その行動をやめるという命令を出すほうが面倒で、ついついやり続けてしまうのです。

あらかじめ、この線条体の仕組みを子どもに教えておいて、「5分だけ勉強してみたら？」と促すとよいでしょう。5分以上机に座ってくれるはずです。

勉強用のルーティンを作る

「とりあえず、勉強を始めよう」とはいえ、脳はいきなり何かを始めるのは苦手です。それが勉強ともなると、さらに難しいこと。そこで、提案したいのが「集中するための儀式」つまりルーティンです。そう、ラグビーの五郎丸《ごろうまる》 歩《あゆむ》選手がキック前に行う独特のポーズで注目を浴びた、あの動作です。

勉強を始める前にルーティンを行うことで、勉強の始め方に慣れが生じ、前頭葉が鎮静化して癒やされます。また、決まった行動をとることで線条体が発火し、やる気を引き出すスイッチが作動することに。前述した線条体の構造により、やる気の維持もラクにできるようになります。

ルーティンは何でも構いません。たとえば…、

- **深呼吸を3回する**
- **机に座って両肩を3回たたいてほぐす**
- **今日勉強する内容を紙に書く**

など、子どもができる動作なら何でもOKです。五郎丸選手もメンタルコーチと一緒に考えたそうですから、子どもがどんなときに勉強に集中できたのかなど聞きながら、一緒にルーティンを作るのもいいでしょう。

　そして、ルーティンは「気持ちを込めて行うこと」とお子さんに教えてあげてください。脳活動を調べたところ、掃除や洗濯も、事務作業でも、単純なことでも何でも、気持ちを込めてやったほうが、脳は活性化することがわかったからです。

学習効果を上げる「15分間勉強法」

　やっと勉強を始めたわが子にほっとするお母さん。気付いたら2時間も机に向かっていたわが子に、思わず感動のお父さん。でも脳活動的には、休憩なしで長時間勉強するのはおすすめできません。脳が疲労するとやる気や集中力がなくなりますし、脳内物質の働きも悪くなって記憶の機能も低下してしまいます。これでは、せっかく勉強しても成果は期待できません。

　そもそも集中力が持続する時間は意外と短く、10〜15分だといわれています。勉強する際は15分単位で行うのが効率的です。勉強モデルを紹介しますので、参考にしてみてください。

＊1教科60分〜90分行う

＊最初の15分はウオーミングアップ

ルーティンで準備を整えたら、まず前日またはその日の授業の復習をする。

＊30〜60分はしっかり勉強

15分教科書を読み込み、次の15分で問題集を解くなど、15分単位を繰り返す。

＊最後の15分はクールダウン

休憩もかねて、明日の勉強予定を立てる。

効率的な新・復習法

「15分間勉強法」で、最初に復習することをすすめていますが、効率よく覚え直しをすることで記憶が定着し、学習効果を上げることができます。復習は重要なのです。

　実は、その日の授業で習ったこと、受験勉強で覚えたことを復習するとき、頭によく入るベストタイミングがあることがわかってきました。

　近年行われた「どのタイミングで復習すれば効率的

か」という研究によると、まず**直後**が大事であること。さらに、試験までの期間を6で割り、その最初のタイミングで行うのがよいことが示されています。

たとえば今日の学習から、60日後に期末試験がある場合、6で割った最初の10日後に復習するのが頭に残りやすい日、ということになります。だいたい翌週中ですね。残りの期間もさらに6で割って…を繰り返して、「ベストな日程」を算出してみてください。脳にとって効率よく復習できれば、忘れる量が減って成績アップできます。

もちろん、毎日復習することが理想ですが、このタイミングでとくにがんばらせるのも効果ありです。

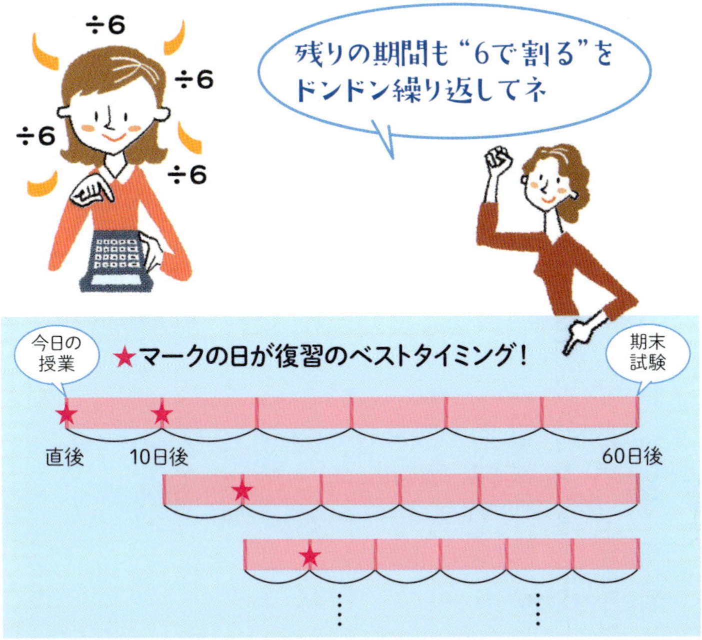

勉強する場所は3カ所キープ

お子さんはいつもどこで勉強していますか？ 実は、同じ時間勉強するなら、同じ場所で記憶するよりも場所を変えて記憶するほうが、記憶効率が高まることが知られています。記憶が場所とセットになることで、記憶のひっかかりがふえ、思い出しやすくなるのではないかと考えられています。

場所は、自宅、塾、図書館など、どこでもOK。自宅なら勉強机やリビングのソファ、ダイニングテーブルなど、集中できそうな場所を3カ所準備し、いろいろ変えて勉強してみましょう。教科ごとに宿題をする場所を変えるのも手です。同じ場所でひたすら勉強するより、はかどるかもしれません。

ミラーニューロンで子どもをその気にさせる

親の言うことは聞かなくても、子どもはよく親の行動をまねしています。単に遺伝という理由だけではなく、そもそも人は、目の前の人の行動や動作を見て、同じような行為をしたがる生き物なのです。それは、「ミラー（＝鏡）ニューロン（＝脳細胞）」という脳のメカニズムのせいです。目の前の人の行為や心情を、まるで鏡のように映しとる脳細胞があるおかげで、私たちは「見て覚える」ことができるのです。

ミラーニューロンの働きは、家族など身近にいる人に対して強くなります。ですから、子どもに勉強させたい、やる気を出させたいのなら、まず親が学ぶ姿・努力する姿を見せてあげればよいのです。子どもが勉強する横で一緒に資格取得勉強をしたり、仕事したり、読書する姿を見せるのもよいでしょう。その際、楽しんで取り組むことが重要です。あとは子どものミラーニューロンにおまかせ。〝学ぶことは楽しいこと〟と子どもの脳が覚え、自然と勉強に取り組んでくれることでしょう。

「子は親の背中を見て育つ」とよくいいますが、脳科学的にも根拠のあることなのです。

とにかく、ぐっすり深く眠らせる

寝ている間に脳の修復や脳内物質の合成が行われますし、睡眠は記憶の定着にも重要です。実際、「適度な睡眠をとったほうが記憶テストの成績がいい」「推論は寝ている間に進むらしい」など、睡眠が学習に与える影響はさまざま報告されています。そして、ドイツのヤン・ボーンらの研究で、〝徐《じょ》波《は》睡眠〟というノンレム睡眠のなかの最も深い眠りのときに「記憶の整理や定着が行われる」ことが明らかになりました。

布団に入り、今日学んだことなどをざっと整理してから眠りにつき、よい睡眠がとれれば、翌日、ちゃんと頭に入っている確率が上がります。

脳活動を左右する!?　食事はやっぱり大事

本書では、子どもの脳や心身に役立つ料理レシピを紹介していますが、脳の機能と食事のかかわりの研究も広く行われています。近年、欧米を中心にとくに脳によいといわれている食事が、イタリア料理やギリシャ料理などの「地中海食」です。コロンビア大の研究でも、オリーブ油、木の実、魚、鶏肉、トマト、ブロッコリーなどアブラナ科の野菜、濃い緑の葉野菜、果物を多くとり、脂肪の多い製品、赤肉（牛肉・豚肉・羊肉など）、臓器肉、バターを少なくとる人のほうがアルツハイマー病のリスクが低いと報告しています。

でも食材をよくみると、オリーブ油以外は、わが国で長年、生活習慣病予防として指導されてきた食事内容と変わらないことがわかります。また、ネズミの実験ながら、とくに1975年（昭和50年）ごろの食事が生活習慣病予防や認知機能向上に役立つとも報告されました。当時の食事といえば、伝統的な日本食（魚介類や大豆製品、果物、海藻、緑茶も豊富）に、ほどよく洋食が取り入れられた内容。つまり、和食のヘルシーさに動物性たんぱく質や脂肪酸が加わったもので、食材もバラエティーに富んでいます。これを見習うとよいわけです。

そして、こうした食事改善の効果は、意外と早く現れることも報告されています。ワシントン大の研究によると、平均年齢69歳の健康成人を2グループに分け、不健康な食事と健康的な食事をさせたところ、4週間で視覚記憶テストに差が出たのだそうです。

結果が出るならやらない手はありません。本書の料理をさっそく食卓に加えてみてはいかがでしょう。

受験生のお子さんへは、あえて「ゴールは遠いよ！がんばれ」とエールをおくりたいと思います。「ゴールは近いよ」と言葉がけするより、脳の活動が活発になることがわかっているからです。

これは、目標得点を決めてゲームをさせ、目標近くなった時点で「ゴールは近いよ」、「ゴールは遠いよ」と言葉がけして、それぞれの脳活動を調べた結果によるもの。ゴール間近では、「ゴールはまだまだ先」と思うほうがモチベーションが維持され、さらに気合が入るようです。もうひとふんばり、がんばりましょう。

食材別さくいん

魚介類

あじ・いわし
あじの利休焼き ･････････････ 12
いわしぎょうざ ･････････････ 19

かつお
かつおのレアかつ ･････････････ 50
マーボーかつお ･････････････ 51

さけ
海鮮ごまみそ鍋 ･････････････ 110
さけのチャンチャン焼き ･････････････ 13
チーズとさけの春巻き ･････････････ 41

さば
ゴーヤとさばのかき揚げ ･････････････ 16
焼きさば入りラタトゥイユ ･････････････ 47

さんま
さんまとカラフル野菜のカレー煮 ･････････････ 14
焼きさんまときのこの炊き込みごはん ･････････････ 15

たら
大根とたらと卵のグラタン ･････････････ 59
たらの香草パン粉焼き ･････････････ 58
たらのブイヤベース風スープ ･････････････ 106

その他の魚
うなぎの生春巻き ･････････････ 71
さわらの塩麹じめ、中華風カルパッチョ ･････････････ 68
ししゃものチーズ焼き ･････････････ 38
スペアリブ&かじきの串焼き ･････････････ 108

貝類
あさりとアスパラのマリネ ･････････････ 75
あさりの卵とじ丼 ･････････････ 31
しじみチヂミ ･････････････ 74
たらのブイヤベース風スープ ･････････････ 106
豆乳かき鍋 ･････････････ 42

いか・えび・かに
アボカドとえびのヨーグルトグラタン ･････････････ 67
海鮮ごまみそ鍋 ･････････････ 110
たらのブイヤベース風スープ ･････････････ 106
チンジャオいか ･････････････ 73

桜えび
炒めそうめん ･････････････ 53
手作りがんもどき ･････････････ 43

しらす
五目納豆丼 ･････････････ 84
大根としらすの納豆ドレッシングサラダ ･････････････ 66
菜の花しらすごはん ･････････････ 21
ピザ風たけのこ焼き ･････････････ 20

魚介缶詰・加工品
オイルサーディン缶のトマトカップ ･････････････ 23
キャベツとオイルサーディンのサラダ ･････････････ 106
さけ缶とゆで野菜のサラダ ･････････････ 80
さけ中骨とほうれん草の納豆小鉢 ･････････････ 48
さばのそぼろずし ･････････････ 46
さばみその焼きコロッケ ･････････････ 17
しいたけのツナグラタン ･････････････ 18
絶品おにぎらず ･････････････ 100
ブロ&サーディンのスパゲッティ ･････････････ 22
ほたてのエスニックにゅうめん ･････････････ 92
蒸しなすとツナのサラダ ･････････････ 72

肉類

牛肉
トマト肉じゃが ･････････････ 27
ホップ、ステップ、チャプチェ！ ･････････････ 26

豚肉
炒めそうめん ･････････････ 53
梅じそ肉巻きおにぎり ･････････････ 98
きのこと豚肉の塩麹鍋 ･････････････ 65
スペアリブ&かじきの串焼き ･････････････ 108
豚しゃぶ冷製サラダ ･････････････ 25
豚だんごの酢豚 ･････････････ 52
豚肉と大豆の豆乳ホワイトシチュー ･････････････ 32
ほうとう風煮込みうどん ･････････････ 61
ポークソテーみかんジンジャーソース ･････････････ 64
ミルフィーユかつ ･････････････ 24

カリフラワー
カリフラワーのチーズスフレ・・・・・・・・・ 99
豚肉と大豆の豆乳ホワイトシチュー・・・・ 32
ブロ＆カリの厚焼きオムレツ・・・・・・・・・ 30

キャベツ
簡単ミネストローネ・・・・・・・・・・・・・・・・ 82
キャベツとオイルサーディンのサラダ・・・・ 106
野菜たっぷりスープパスタ・・・・・・・・・・ 94

グリーンアスパラガス
あさりとアスパラのマリネ・・・・・・・・・・・ 75
鶏とアスパラの卵炒め・・・・・・・・・・・・・ 78
マーボーかつお・・・・・・・・・・・・・・・・・・ 51

ゴーヤ
ゴーヤとさばのかき揚げ・・・・・・・・・・・・ 16
スペアリブ＆かじきの串焼き・・・・・・・・・ 108
豆腐のピカタ＆ゴーヤサラダ・・・・・・・・・ 34

ごぼう
ごぼうとれんこんの根菜チップス・・・・・・ 91
ほうとう風煮込みうどん・・・・・・・・・・・・ 61

小松菜
小松菜チキンボール・・・・・・・・・・・・・・・ 44
チーズ風味のみそ汁・・・・・・・・・・・・・・ 78

さつまいも
さつまいものブリュレ・・・・・・・・・・・・・ 95
焼きいものヨーグルトサラダ・・・・・・・・・ 102

じゃがいも
さばみその焼きコロッケ・・・・・・・・・・・・ 17
たらの香草パン粉焼き・・・・・・・・・・・・・ 58
トマト肉じゃが・・・・・・・・・・・・・・・・・・ 27

春菊
あさりの卵とじ丼・・・・・・・・・・・・・・・・ 31
ししゃものチーズ焼き・・・・・・・・・・・・・ 38
豆乳かき鍋・・・・・・・・・・・・・・・・・・・・ 42

ズッキーニ
さんまとカラフル野菜のカレー煮・・・・・・ 14
焼きさば入りラタトゥイユ・・・・・・・・・・・ 47

スナップえんどう
スチーム野菜のみそマヨディップ・・・・・・ 69
手羽先の黒酢煮・・・・・・・・・・・・・・・・・ 55

大根
大根としらすの納豆ドレッシングサラダ・・・ 66
大根とたらと卵のグラタン・・・・・・・・・・ 59
みたらし大根もち・・・・・・・・・・・・・・・・ 97

たけのこ
チンジャオいか・・・・・・・・・・・・・・・・・・ 73
手羽先の黒酢煮・・・・・・・・・・・・・・・・・ 55
ピザ風たけのこ焼き・・・・・・・・・・・・・・ 20

玉ねぎ
簡単ミネストローネ・・・・・・・・・・・・・・・・ 82
塩ヨーグルト漬けタンドリーチキン・・・・・ 40
トマト肉じゃが・・・・・・・・・・・・・・・・・・ 27

トマト、ミニトマト
あさりとアスパラのマリネ・・・・・・・・・・・ 75
アボカドとえびのヨーグルトグラタン・・・・ 67
オイルサーディン缶のトマトカップ・・・・・ 23
トマト＆オレンジ寒天・・・・・・・・・・・・・ 101
トマト肉じゃが・・・・・・・・・・・・・・・・・・ 27
鶏とアスパラの卵炒め・・・・・・・・・・・・・ 78
豚しゃぶ冷製サラダ・・・・・・・・・・・・・・ 25
ほたてのエスニックにゅうめん・・・・・・・・ 92
焼きさば入りラタトゥイユ・・・・・・・・・・・ 47

長ねぎ
海鮮ごまみそ鍋・・・・・・・・・・・・・・・・・ 110
しょうがたっぷり鶏せいろ・・・・・・・・・・・ 63
豚だんごの酢豚・・・・・・・・・・・・・・・・・ 52
マーボーかつお・・・・・・・・・・・・・・・・・・ 51

なす
スペアリブ＆かじきの串焼き・・・・・・・・・ 108
蒸しなすとツナのサラダ・・・・・・・・・・・・ 72
焼きさば入りラタトゥイユ・・・・・・・・・・・ 47

にら
炒めそうめん・・・・・・・・・・・・・・・・・・ 53
いわしぎょうざ・・・・・・・・・・・・・・・・・・ 19
チーズとさけの春巻き・・・・・・・・・・・・・ 41

にんじん
オレンジとにんじんのサラダ・・・・・・・・・ 49
さけのチャンチャン焼き・・・・・・・・・・・・ 13
手作りがんもどき・・・・・・・・・・・・・・・・ 43
にんじんとセロリのマリネ・・・・・・・・・・ 102
必勝キーマカレー・・・・・・・・・・・・・・・・ 28
ほうれん草とにんじんのマフィン・・・・・・ 93
ゆず入り野菜ぞうすい・・・・・・・・・・・・・ 90

白菜

豆乳かき鍋 …… 42
ホップ、ステップ、チャプチェ! …… 26

パプリカ・ピーマン

さんまとカラフル野菜のカレー煮 …… 14
チンジャオいか …… 73
豚だんごの酢豚 …… 52

ブロッコリー

さけのチャンチャン焼き …… 13
たらのブイヤベース風スープ …… 106
ブロ&カリの厚焼きオムレツ …… 30
ブロ&サーディンのスパゲッティ …… 22

ほうれん草

さけ中骨とほうれん草の納豆小鉢 …… 48
ほうれん草とにんじんのマフィン …… 93

水菜

きのこと豚肉の塩麹鍋 …… 65
大根としらすの納豆ドレッシングサラダ …… 66

れんこん

ごぼうとれんこんの根菜チップス …… 91
小松菜チキンボール …… 44

その他の野菜

アボカドとえびのヨーグルトグラタン …… 67
かぶのミルクシチュー …… 39
さけ缶とゆで野菜のサラダ …… 80
スチーム野菜のみそマヨディップ …… 69
菜の花しらすごはん …… 21
にんじんとセロリのマリネ …… 102
冷しゃぶ梅モロヘイヤうどん …… 54

きのこ

きのこと豚肉の塩麹鍋 …… 65
しいたけのツナグラタン …… 18
大根とたらと卵のグラタン …… 59
チーズ風味のみそ汁 …… 78
チンジャオいか …… 73
鶏ときのこのミニピザ …… 96
ミートソースとかぼちゃの重ね焼き …… 60
ミルフィーユかつ …… 24
焼きさんまときのこの炊き込みごはん …… 15
野菜ぎっしりおからハンバーグ …… 33
ゆず入り野菜ぞうすい …… 90

果物

オレンジとにんじんのサラダ …… 49
玄米グラノーラボウル …… 80
トマト&オレンジ寒天 …… 101
フルーツソースのパンケーキプレート …… 86
ポークソテーみかんジンジャーソース …… 64

ごはん・めん・パスタ・パンなど

ごはん

あさりの卵とじ丼 …… 31
梅じそ肉巻きおにぎり …… 98
五目納豆丼 …… 84
雑穀炊き込みごはん …… 70
さばのそぼろずし …… 46
シンガポール・チキンライス …… 29
絶品おにぎらず …… 100
菜の花しらすごはん …… 21
必勝キーマカレー …… 28
焼きさんまときのこの炊き込みごはん …… 15
ゆず入り野菜ぞうすい …… 90

めん・パスタ

炒めそうめん …… 53
しょうがたっぷり鶏せいろ …… 63
ブロ&サーディンのスパゲッティ …… 22
ほうとう風煮込みうどん …… 61
ほたてのエスニックにゅうめん …… 92
野菜たっぷりスープパスタ …… 94
冷しゃぶ梅モロヘイヤうどん …… 54

パン・その他

揚げないジューシー鶏サンド …… 102
クロックムッシュ風サンド …… 82
玄米グラノーラボウル …… 80
フルーツソースのパンケーキプレート …… 86

料理制作（料理研究家、50音順）

牛尾理恵／検見﨑聡美／柴田真希／関口絢子／髙城順子／舘野真知子
中津川かおり／平井一代／藤原美佐／牧野直子／満留邦子／村田裕子

撮影（50音順）

貝塚純一／黒部徹／鈴木雅也／武井優美／田邉美樹
松島均／松本祥孝／邑口京一郎／山本明義／横山新一

監修　篠原菊紀（しのはら きくのり）

1960年長野県茅野市生まれ。脳科学者。東京大学、同大学院教育学研究科等を経て、現在、諏訪東京理科大学教授。学生相談室長。茅野市縄文ふるさと大使としても活動。
専門は応用健康科学、脳科学で、「学習しているとき」「運動しているとき」「遊んでいるとき」など日常的な場面での脳活動を調べている。研究内容を生かし、中高年の脳トレ、幼児教育、製品・サービス開発などに携わるほか、テレビやラジオでも活躍中。NHK「歌の日曜散歩」「夏休み子ども科学電話相談」「ためしてガッテン」などで脳活動のユニークな実験や解説を披露し、人気を博している。『子どもが勉強好きになる子育て』（フォレスト出版）、『ボケない頭をつくる60秒活脳体操』（法研）、『脳トレ・介護予防に役立つレクリエブックシリーズ』（世界文化社）、『中高年のための脳トレーニング』（NHK出版）他、著書も多数。

受験生をごはんで応援！
合格賢脳レシピ80

平成28年10月21日　第1刷発行

監　　修　篠原菊紀
発 行 者　東島俊一
発 行 所　株式会社 法 研
　東京都中央区銀座1-10-1（〒104-8104）
　電話　販売03（3562）7671
　http://www.sociohealth.co.jp
編集制作　株式会社 研友企画出版
　〒104-0061 東京都中央区銀座1-9-19 法研銀座ビル
　電話03（5159）3724（出版企画部）
印刷・製本　研友社印刷株式会社　0102

ISBN 978-4-86513-301-1 C0077　定価はカバーに表示してあります。